わが心の故郷 満州の広野

畠山久米子

文芸社

わが心の故郷　満州の広野　目次

日の丸

茫々と広がる大陸の、朝の大地を初めて踏みしめた。この感激は生涯消えることはないだろう、とその時心に刻み付けた。

ここは、第十次長嶺八丈開拓団が、満州の広野に、最初に建設した村である。元住民の生活習慣を真似て、村は土手で囲まれている。丘陵地の日当りのよい一面に造られた村は、かなりの傾斜地である。わが家は村の上方にある。土手沿いに横に並んだ家屋の二列目だ。村の中央を縦に貫く幹線道路は、裏の丘へと連なる。この地は昨年は、大豆畑であったことが、畝に残る切株で分かる。

本部前の広場で、朝礼があるというので、辺りを見回しながら行く。夫は先に駈けて行った。男子の団員が前列に、次が児童たち、後列に婦人連中が横並びで朝礼が始まる。「国旗掲揚」の号令に、全員が静まる。ゆっくりと上っていく日の丸を目で追いながら、皆は崇高な雰囲気に浸っている。高い旗竿の先に、へんぽんと翻る国旗。ここに日本人の一団があり、と宣言しているかに見える。

私の胸には、緊張と誇らしい思いが充ち溢れる。ここは満州だ。祖国の農民の代表だ、と敬虔な気持ちになる。「遥かな祖国の皇居に礼拝」団長の声が厳かに響く。ざわざわと音がして皆が頭を下げる。団長が大きく両手を上げて「いやさか」と唱えると、皆が唱和する。「あっぱれ」に、一同も声を張り上げる。遠く、どこまでも響けとばかりに……。

夜が白々と明け始めた。祖国の人々は初日の出を、それぞれの場所で待つ時間だ。この地の初日の出は、どこで拝むのだろうか。昨夜この地に着いたばかりの私には、方角の見当がつかない。右手に山があり、後方にも山がある。左手には、この場所からは低く見える山の尾根が、遥か向こうまで続いている。どの山からお顔を見せて下さるのか。

朝礼も終わった。ふと金色の光が視野に入ったので顔を向けた。その辺りの雲の色が明るい色に変わり始め、幾条ものまばゆい光が忙しく動き出した瞬間に雲がさっと押し開かれた。そしてオレンジ色の大きな太陽が現れた。かつて見たこともない、空からの華麗な初日の出だ。私の生涯に二度と見ることはないだろう。実に天の恵み、というほかはない。

朝礼は、農耕期が始まる頃まで続いたのか。共同炊事もなくなり、本部の建物とは縁遠くなったが、空高く翻る日の丸は、心の依りどころだ。どこからでもそれが見えると、安心する。一歩村に入ると、祖国にいるのと同じだ。

あれから六十年の歳月が過ぎた。

オンドル騒動

私は夜になるのが怖かった。オンドルを温めるという一つの仕事が、大の苦手である。でもそれをしなければ、夜を過ごせない。夜は氷点下三十度近くに下がるだろう。

昭和十七年一月の初旬。私がこの地に入植したのは、十六年の大晦日の夜だった。その年の最後の入植家族である。生活物資を運ぶ団のトラックで、私は運転台の真ん中に乗せてもらい、夫は荷台にもぐり込んだ。トラックの前灯が真暗な広野を照らしながら、東京城の街から十里の道を疾走して来た。

私たちの結婚式は太平洋戦争が始まった日である。そして今は厳寒の地で生活している。一ヵ月の間に、私の人生は大きく変わった。一度の見合いで、二度目に顔を合わせる時は、結婚式という慌しい日々を過ごした。夫は焦っていた。家族招致に帰国した手前、とにかく花嫁を連れて戻らねば面目がたたない。随分と金を使って一緒になった前妻に、逃げられたという過去がある。その問題が、私との間にも暗い影を引きずった。

私には、大陸にかける夢があった。将来は農場を経営して、親兄弟を皆呼び寄せるのだ。相手は誰でもよかった。いい家庭を作るという希望にすがった。現地に来て、私の夢は急速に崩れ始めた。オンドルに燃やす薪と言えば、乾いているのが当然、の固定観念は捨てるべきだ。毎日配給される燃料は、生の雑木枝であり、昨日切り倒した木である。

オンドルの焚き方を、初日に夫が教えてくれた。農村育ちの私は、釜の下を燃やすのは慣れている。オンドルという珍しい言葉に、早くその現場に直面したい気持ちだった。荷を解いた紙屑や菰の藁を大事に焚き付けにしたが、数日でなくなった。夫は夜になると家を抜け出し、経理指導員の家へ行く。その家のオンドルは、いつも温かいと聞いた。

夫婦喧嘩の原因は、常にオンドルによるものだった。「火の燃やし方を研究しろ」。夫の言葉に、私は反発した。「研究？　へーッだ」建設全体が遅れたために、オンドルの乾燥も完全ではない。火を燃やす度に、あちこちに亀裂ができて、煙を吹く。急いで表の壁際の赤土を摑んできては、一時凌ぎの修理をした。私は何度も帰国を考えた。それを言うと、夫は詫びを入れ機嫌を取りに来るが、長くは続かない。

二月、三月と過ぎる間に、オンドル騒動も徐々に減った。春が往き、凍土が溶けて、農耕期に入ると私の舞台だ。気弱な夫の背を押して、号令をかける朝が来る。

あの井戸は今

二〇〇〇年問題で「何日間かの食糧と水の用意を」との、テレビ番組を見て、私も真似ごと程度の備えをしたのだった。

空き瓶に水を注ぎ込んでいる時、ふと五十余年も昔の、満州開拓地の冬の井戸のことが浮かんできた。村は小高い所にあり、傾斜の地だったから、井戸は村の裾の場所にあった。私が入植したのは冬の季節だったから、水への印象が深いのだろう。満州のことについては、一般的な知識は持っていたつもりだが、水のことは考えていなかった。

家の中には水瓶が据えてあり、夫がそれに水を充たしてくれていた。ある日、夫の水汲みについていって、井戸の状況を知った。井戸の周囲はもちろん、井桁の上まで盛り上がるように凍りついていて、丸い穴がぽっかりあいている。ポンプもないし、車井戸でもない。巻き上げ式というものだった。私はその奇妙な道具をしげしげと見つめた。横に突き出ている棒に掴まって、覗いたが水面は見えなかった。

太いロープが井戸の中に垂れている。釣瓶が凍るから中に落としてあるそうだ。夫に言われるままに向かい合って、木のハンドルを押すと、ロープが丸太に巻き着いて、少しずつ上って来る。私は「ヨイショ、ヨイショ」と掛け声をしながら押した。釣瓶を見て驚いた。柳の枝で編んだ、大きな笊だ。

「笊で水を汲む」という諺を聞いたことはあるが、この土地では本当に笊で水を汲むのだ。笊の中の水は一斗ぐらいあるだろう。水滴が絶えず落ちる。その瞬間は流れているが、たちまち凍りつく。桶に水をあけて、釣瓶を落とす時もまた恐い。冬の水汲みは大仕事だな、と痛切に感じた。

ある夕方に火事があった。皆はバケツを持って走っていたが、私たち夫婦は空手で飛びだして来た。井戸に一番近い家であった。井戸へ来た者が一人ひとり、水を汲む。何と効率の悪いやり方だ。

「あなた、私たちは水を汲みましょう」「ウン」二人は懸命に腕を動かした。何十杯汲み上げたことだろう。「奥さん、代わりましょう」と一人が言ってくれた。夫は代わってくれた人のバケツを持って駈け出した。

私は邪魔にならない場所に退いて、走ってくる人に声を掛けた。「足元に気をつけて」。転ぶことへの注意より、滑った拍子に井戸にはまる恐れであった。一度私がその危険な目に遭った経験からだ。既に夕闇が辺りを包んでいた。消火に当たっている人に事故がないように、と。私は最後まで、その言葉を続けた。

あの井戸は今、どうなっているだろう。

ノロ鹿の天ぷら

私は天ぷらが大好物だ。二度と食べられないだろう、珍しい天ぷらの思い出がある。

昭和十七年、日本では春の彼岸が終わった頃だ。満州の開拓地の日々は、私には炊事当番と、柴刈りの仕事が交互にやって来る感じだ。炊事当番は、新婚家庭だけに課せられていた。二組の夫婦が一緒に一週間務める。その頃には、家族招致も大分進んで、新婚家庭もかなり増えていた。炊事当番も、少し間隔が開くようになった。私は風邪で寝込んだ。見舞って下さったのは、夫がよくお邪魔する、経理指導員のＦ氏の奥さんだった。

「これは肺炎じゃないのッ」

夫をなじるように言われた。私たちは医学には無知で、風邪だとばかり思い込んでいた。団には医師はいなかった。若い獣医はいたが、人間の身体のことは、分からない様子だった。夫は私のことは、構ってくれない。F夫人が、体温計と氷枕を持って来てくださった。

夫は七歳年上で、再婚だったが病人の扱い方を知らないのか、冷たい人間だったのか。私は防寒オーバーを被って、いつも一人で共同トイレへ行く始末だった。それでも「お前は強いよ。四十度近い熱でも、一人で何でもできるから」と平気で言う人だ。夫が食堂から運んでくれるご飯と味噌汁は冷え切って、食べる気が起こらない。氷点下二十度の中を、容器をむき出しで運んでくる。汁も温めてくれた日はない。

そんな食事が喉を越すはずがない。嫌々夫が運んで来るのを、私も仕方なく一口か二口ずつ食べては箸を置く。海を越えた故国の実家へ帰りたくなった。東京城駅までは十里の広野、そう簡単には行けない。食べ物を摂らない身体、薬もない、若い体力だけが病魔と闘っていた。いつまで続く闘いかと思いながら。

ある日嬉しいことが起こった。団の中で慶事があったのだ。小学校の開校式である。小学生は二十数人ぐらいだったか。夫がその日運んでくれた食事は、今までと比べて豪華なものだった。殊に天ぷらが私の目を引いた。「これ、何の天ぷら？」「ノロ鹿だ」。フーン‼ 私の声は弾んだ。私の好物の赤飯も大いに食欲をそそる。何カ月ぶりかの御馳走だ。

何日もの病床が嘘のように、私は忙しく箸を動かした。おいしいわ、おいしいわ、と繰り返した。私の身体に一気に活力が蘇った。翌日、私は夫と一緒に食堂へ歩いて行った。もう冷え切ったご飯と味噌汁ともお別れだ、と。

ノロ鹿の天ぷらは生涯に一度だけだ。もう食べることはないだろう。いい思い出の一つ。

長嶺子の山火事の夜

冬の季節になると、満州の長嶺子《ちょうれいし》を思い浮かべる。昭和十六年に入植して、最初に住んだ村である。そこは丘陵地帯の一部で、長嶺八丈開拓団が、一番目に建設した村でもある。

高台にあり、前方の広野の彼方に、十里先の東京城の街が見えていた。村の背後には丘陵が続いて展け、右手には一つの山が裾を広げて、視野を遮っている。左手は低い山脈が、幾重にも重なって北へ延び、その果ては霞んでいる。その山襞のあちらこちらに、煙の上がっているのを度々見かけて、不思議に思った。ある日、夫に尋ねた。

「あれは、何の煙でしょう」。「山火事だ」。

夫は、こともなげに言った。遠い所の山火事は、あんなふうに見えるのか。

その何日か後のある夜、村の背後の丘陵地に火事が発生した。満人の失火か、放火か。その辺一帯には木らしい木はない。痩せ地を示す低い灌木が生えているだけだ。火の粉が村へ飛び込んでいる。土手に近い家の屋根には人が上って、火の粉を払っている。私の家は安全な場所なので、火事の様子を見守っているほかはない。

夫が帰って来た。普段の彼ではない。

「匪賊の襲来らしい。集合命令が出たら、銃とあのトランクを持って出るんだぞ」

それだけ言って走り去った。

火事騒ぎが完全に収まった時には、家にいた者たちも皆疲れたことだろう。私も防寒外套を着て、銃とトランクを側に置き、じっと座っていた。随分長い時間に思えた。ホッとした気持ちで外へ出た時、右手の山に煙が上っているのが見えた。山の向こう側が燃えているらしく、辺りは暗闇なのでそこだけが、はっきりと見える。

山の稜線が浮かび上がった。見慣れている山の形を目裏に描く。そこにポツ、と火の玉が現れた。と思うと、その向こうに一つ、また一つ。間隔を空けて並んでいく。その数は七つか、八つ。闇の線上に並ぶ火の玉は、何と表現したらいいのか。美しいと言うか、妖しいと言うか、人の心を引きつけるものだ。

その時ふっと「筑紫の不知火」という言葉が口をついて出た。全く突然に。少女時代に読んだ何かの小説の中の記憶。暗い海上に浮かぶ火、とはこんな光景だろうか。私は想像の世界に浸りながら、うっとりとしていた。この山火事がなかったら、「筑紫の不知火」のことは、思い出さなかったろう。人間の脳の働きとは不思議なものだ。

あの不便な長嶺子の村は、今は壊滅しているだろう。

氷点下三十五度の日

先日、寒い日が続いた時、北海道のどこかで氷点下三十二度に下がったとか。私は満州にいた頃の、ある一日を思い出した。

私が入植したのは冬の季節だったから、初めから満州の厳しい寒気の洗礼を受けた。二十二歳という若さと、希望に燃えていたから、寒さは苦にならなかった。私が最初に震え上がったのは、「あじあ号」の列車から降りた時の奉天《ほうてん》駅の吹雪だった。あの時の温度は、どのくらいだったのだろうか。

満鉄自慢の超特急、時速一二〇キロで南満州を走る「あじあ号」に、夫と私は一つずつの座席を占めていた。私が優に寝られるぐらいの広さだ。その豪華な車内から、プラットホームへ降りた時は、正に天国から地獄への落差だった。全身が凍るかと思った。

現地で、防寒服、帽子、靴、手套等と特別の服装で、日々の気温に馴れていった。ある朝、朝礼に行くために家を出た途端、「ウーン、この寒さは」と顔を覆って警備所へ駈け込んだ。「今の温度は、どのくらいですか」「えーと、三十五度です」と答えてくれた。警備所は、私の家の隣りだ。家の中はほんわかと温かい。外へ出ると、頬が痛い。この気温が「氷点下三十五度」と自分に納得させた。

開拓団の朝は、全員で朝礼という行事から始まる。その間は、寒さなど感じないくらいに緊張する。厳かな時間帯である。満州では、三寒四温という言葉がピッタリという感じだ。冬は凍土の世界だが、三日寒い日が続くと、四日目は温かい。大方の団員は伐採に行く。婦人連中は、裏山で柴刈りをする。特に寒い日は中止になる。

私は日々の温度差が、かなり分かるようになっていた。時々、今朝の温度は？　と思う日はあったが、炊事当番の日は警備所へ寄る間はない。新婚家庭だけが炊事当番をするので、農耕時期までに、私は何回も当番を務めた。朝礼が終わって、皆が一斉に食堂へ駈け込む日は、三十度近い寒さだったろう。

その朝も警備所へ顔を出したら、案の定（思ったとおり）三十五度という答えだった。本部前では、朝礼が始まろうとしているのに、女は私一人である。私は児童たちの列の端に並んだ。

その日私は、伐採班の炊事番を言い渡された。オヤ、オヤ、私はまたニュースを提供することになった。女の山行きは初めてだ。屈強な男たちについて歩くには、走り続ける状態だった。川の氷を沸かして米を洗う山の炊事、ここでも新しい体験をした。

私は、とかく話題の女だ。満州開拓花嫁訓練所から最初の入植者だ。炊事当番の時の武勇伝、火事の夜の水汲み等、知らぬ間に団の人たちに存在を印象づけていた。山行きは二日続いた。一人先に帰る道中は危険だといって、翌日は銃を持たされた。

昭和十七年のことである。

アミーバ赤痢も恐くない

空の水桶を担いで、本部脇を過ぎようとした時、あいにくの人に見つかった。「奥さん、また水汲みですか。あの水は絶対に生で飲んではいけませんよ。沸かしてください」

倉庫係（ご意見番）の門馬さんである。過去にも「止めなさい」と注意されていた。家の中に水瓶を据えて、いつも水を満たしておかなければ、安心して生活のできない開拓地だ。長嶺子の村は丘陵地帯の一部にあり、村の裾のほうに井戸がある。水量は十分にあるが、深い。一斗も入るくらいの、柳の小枝で編んだ笊を巻き上げて汲むのは、女一人ではとても出来ない。

他家のご亭主は奥さん孝行で、よく水汲みにご一緒しているが、私の夫は冷たい態度だ。家が村の上方にあるので、行く時は坂道を下り、水を担いで帰るのは、いつも私になる。夫の地方では担ぐことをしないので、出来ないのか。

あれは誰が始めたのだろう。村の外の流水を汲みに行くようになった。私も早速に真似た。距離的には、井戸までの三倍余りか。村を囲んでいる土手を越え、傾斜の畑を踏みつけて行く。途中から折れ曲がる。流れのある窪地への足場も悪い。水を担いで小径を歩くのも神経を使う。でも一人でできる利点が嬉しい。

それは小川というほどでもない。小さな流れに過ぎない。三メートルぐらいの崖から落ちる水は、小さな滝といった感じだ。その真下の水は、実にきれいだ。その時私は、喉が渇いていたのか、試してみるつもりだったのか、とにかく飲んだ時はおいしかった。その水は、湿地帯から流れて来ているものだ、と聞いた。

その夜激しい腹痛があり、血便が出た。アミーバ赤痢に罹ったのだ。団には医者はいなかった。その程度のことでは誰も騒ぎはしない。先遣隊の男たちは経験済みが多いかも知れない。自然の治癒力で治すのが当然だ、ぐらいに皆考えていたのだろう。三日程経つと、体調は戻った。

アミーバ赤痢の話は、聞きかじりで知ってはいた。まさか自分に、という気持ちと、「このきれいな水が」と、その話を信じ得ない面があった。異国の無医村で一つ学んだ。確かに流水を生で飲んではいけないことを。アミーバ赤痢が、それほど恐いものではないことも。門馬さんの忠告を受けながらも、その後も何度も流水を汲みに行った。

年の暮れに、大勢の人らと共に新しい本部集落へ引っ越した。そこに掘られている井戸に、私は大喜びした。そして長嶺子に住む知人たちと、あの巻き上げ式の井戸を思い浮かべた。

あの井戸も、改善されることを願った。

トラクター

それは、トラクターのエンジンの音だった。

私は立ち止った。村の外の流水を汲みに行く途中である。空の桶を担いだまま、その情景を見つめた。冬枯れの灌木の中へ突進する機械は、まるで魔物のように見えた。初めて見るトラクターの作業ぶりに、私は興奮状態だ。連れがいたら、夢中で喋り合うだろう。嬉しくて黙っていられない。

この場に出会えたことは、本当に幸運だ。毎日ここを通るわけではない。昨日は、トラクターは確か、あの場所にあった。この機械が動くのを見たいものだ、と早くから待っていた。瀬戸内の島で生まれ育った私には、満州へ来てからの生活は驚きの連続だった。トラクターを見た時は、また一つの期待に胸がふくらんだ。その大農具が動いているのだ。

自分が今踏んでいるこの畑も、昨年あのようにして開墾されたのか。村の中の畑跡と同じ大豆畑だった。豆粒や莢が零れている。畑の端々には、未だ原野が存在する。傾斜の裾広がりのこの農地も、丘陵地帯の一部だった。一年でこれだけの沃土に変化するのだ。エンジンを響かせて驀進する農機。「ああ、ここは大陸だ」との実感が湧いた。

操作しているのは掛端さんだ。私が入植した日、トラックの助手席にいた。東北訛りのその青年は、少年の面影を偲ばす赤い頬をしていた。私は花嫁訓練所へ入る前に、東京の軍需工場で働いていた。そこには山形県から来た女工さんが大勢いて、一緒に仕事をした。運転台に乗せて貰った私に、掛端さんが話しかけて来たので、親しみを覚えたのだった。

婦人連中が柴刈り作業に連れ出されるのは、いつも丘陵地の尾根の周辺だった。村の裏門を出た所から続いているので、平地にいる感じで仕事をしてきた。少しずつ奥へ移動するのだが、刈っても刈ってもつきない。一体、この丘陵地の面積は、どのくらいあるのだろうか、と考えたりして、一人で苦笑したことがある。

掘り起こされた雑木は、どんな形になっているのだろう。遠くから見ている私には、何も分からない。激しい音の中で土煙が見えるだけだ。いつか私にも、あの大農具をこの手で動かす日が来るのだ。私の胸の中に夢が広がる。私はようやくその場を離れた。その間も、トラクターは休む暇なく動き続けていた。

その日から三年余り過ぎた昭和二十年に、日本は敗戦国になり、私たちはその地を追われた。私が待ち望んだ、自分の手でトラクターを操る日は遂に来なかった。

冬の風

久し振りの暖かい日差しなので、歩きに行くことにした。私の住居の六階から階段を降り始めると、冷たい風が吹きつける。

街に住む人間には、この季節の風は要らない。冬の風といえば、満州の冬を思い浮かべる。満州の農民には必要な風だった。脱穀した農作物の風選《ふうせん》をするためだ。今でもあの地方の農民は、同じ方法でやっているのだろうか。あれから、六十年近く経っている。

ある日、眼下に茫々と広がる広野の中で、白い埃か、煙か分からないが、一定の間隔をおいて飛んでいるのが見えた。あの辺りだと、和盛屯の近くだ。何だろう、あれは？　火事だったら黒い煙のはずだが。私は夫に尋ねた。

「あの白い煙のようなものは何なの？」と。「あれか、風選だ」

ふうせん、と聞いてすぐ思い浮かぶのは、子供の頃に遊んだ紙ふうせんのことだ。その他には、この言葉は知らない。西瓜のように縞模様の丸い紙ふうせんは、村の店にあっただろうか。お祭や、お神楽にやって来る、他所者の商売人が売っていた。四角なふうせんは、年に二回やって来る、富山の置薬屋がくれた。その紙ふうせんとは、結びつかない。

「ふうせんって何なの、一体?」

「うーん、脱穀した大豆のゴミを取り除いているんだ」

大豆は、満州の主要農産物だ。ああそうか、私の村で使う唐箕《とうみ》の役をしているんだ、と理解した。唐箕は、手回しで起こした風で、穀物の精選をする農具だ。私も随分使ったものだ。「俺たちも早く脱穀場を作らなきゃー」と、夫は呟いた。

脱穀の日が来た。地面を平らにしておいた場所が、コンクリートのように固まっていた。四世帯の組経営だから、総勢八人が作業に出る。苅り取って積みあげている大豆を運んできて、厚く敷き並べる。その上をシートゴンズという、脱穀道具を牛に曳かせる。直径二十五センチぐらい、長さ四十センチぐらいの石を枠に嵌めた物だ。牛が一回通ると、ペシャンコになる。

私の村のカルサン打ちとは違って、何倍も仕事が捗る。脱穀が終わり、風選にかかる。スコップですくって、空に向って放り上げると、あの日に見た光景が再現した。小さいゴミは白い埃となって、遠くまで飛んで行く。自然の力を利用した、うまいやり方だ。貧しい農民たちは道具がなくても、こうして逞しく生き続けて来たのだ。

精選された大豆の山を見て「ああ、ここは満州なんだ」、という思いが込み上げた。

共同経営も悪くないな

チュウトウ「草けずり鍬《くわ》」を担いだ男四人の後に続く女四人、十六本の足が、真夏の広野を歩く。果てしなく広がる、満州の野原。

昭和十七年、第十次長嶺八丈開拓団が本格的に農耕を始めた。この団は、日本国内の各地から参加した人々の集まりである。八丈島の人が多く、団長も島に関係のある人だった。農業には経験のない人が多かった故で、四人の組経営という形式にしたのだろう。

組の人たちと初めて顔を合わせた時、悲しかった。落ち込んだ。他の組は堂々たる体格の持ち主や、いかにも仕事のできそうな人たちが多く、私たちの組が一番貧弱な組み合わせという感じだったからだ。団長が指示したのではなく、先遣隊として、十カ月の現地生活をしている間に、親しい者同士が寄り合ったらしい。

夫が組長である。何で選りに選って、こんな人たちと組んだのか。私の胸の中は穏やかではなかった。夫に不平を投げつけたかった。本当に、残り者の寄せ集め、と誰の目にも映ったことだろう。組の奥さんたちも、私と同じ考えを抱いたかも……。せめて一人でも、頼もしいと仰ぐような人がいてくれたら、と願ったに違いない。他の組の人たちの目も、冷たく侮蔑的だ。

夫は小柄だ。私より少し背丈はあるが、身体は貧弱だ。夫の親友も、ずんぐりむっくりの小男。華奢な都会人。もう一人は老大工。これではいい成績を望めそうもない。夫は青年時代に、県の農事試験所で働いていたという。その面で本部員を希望したが外れた。仕方なく、社交下手で誰にも相手にされなかった、この人たちと組んだと思われる。

気弱な夫に代わって、私は言った。「奥さんたち、毎日作業に出てください」と。一人は、花嫁訓練所出身で、私の後輩だが、皆農具の使い方も知らない。でも出て来るだけでよし、と私は満足した。毎朝、十六本の足は元気に農地へ向かう。他の組は、男性ばかりが働いている日が多く、女の人はちらほら見る程度だ。

表面には不満を見せなかったが、私には彼女らの心の中は想像できた。秋の収穫時には、私は誇らしい気持ちだった。侮蔑の目を向けていた人々を驚かせた。四等分した穀物は、翌年のわが家に豊かな日々を過ごさせた。他の三世帯も、笑い合って暮らしているだろう。共同経営も「悪くないな」と、思った。

私には、やはり小粒の山椒の組にいたことが幸いした。誰を恐れることもなく、ものが言えた。そして強引に婦人連中を引っ張ったからこそ、あの成果を見たのだ、と。

蒙古馬

蒙古馬は、私の家に来てから一カ月も経たないうちに死んだ。獣医が「馬の疝痛」とか言っていた。初めて聞いた言葉だ。

私たちの開拓団で、最初に買い入れた馬は、蒙古馬だったように思う。近辺の満人集落から、必要な数の馬を集めるのは、無理だったのか。長嶺子では牛で農耕した。本部集落へ移転してから「馬が入るんだ」という話が伝わった。蒙古馬だという。どんな馬だろうと、想像していた馬は、満馬と同じくらいの体つきだった。

五、六十頭の白馬の集団を見て、驚いた。「へえ、これが蒙古馬か」。私の頭の中には「白馬は神馬」というイメージがあった。数人の満人が、竹につけた長い鞭を振りながら、両側を固めてうまく追いたてる。その集団は凄まじい地響きを立てて過ぎる。その馬たちは、野生の馬だそうだ。草原に群れているのを、勝手に引っ張って来たのか。

川向こうの湿地帯に、丸く仕切られて柵で囲んだ場所が、出来上がっていた。馬たちをその中へ追い込んだ。馬に乗った満人が、ロープの先を輪にしたのを勢いよく投げる。それに足を突っ込んだ馬を見つけると、三、四人でロープを引っ張って馬を倒す。そうして馬銜《はみ》を噛ませる。手綱をつけた馬は柵の外へ引き出す。

団員たちに混じって、女も子供もその勇壮な捕物を見物していた。馬を引き倒すと喚声を上げる。柵の外へ引き出す時には拍手した。時の経つのを忘れて、皆興奮した一日だった。その中の一頭がわが家にも来たのだ。わが家には家畜がいなかった。長嶺子で飼っていた牛が死んだ。個人では買えないので、そのままに過ぎていた。

これで新しい土地での農耕ができる、と喜んで迎えた馬だった。野生の馬だけに、人間を寄せつけないぞ、と側へ近づくと脅かすように、大きな息を吐きかける。そんな獰猛な馬でも、病気には勝てなかった。何日間か躯を吊っていた。獣医も手の施しようがなかった。私の家は家畜運が悪い。

馬に逃げられた人もいた。その年の農耕に役立った蒙古馬は、何頭いただろう。私の家では、満馬二頭を入れて頑張った。軍隊から委託された日本馬を飼い始めると、私の脳裏から、蒙古の馬は消えてしまった。

終戦間近の昭和二十年八月に、山へ避難した時の、あの蒙古馬の記憶は、実に強烈なものだった。暴れて飼い主の老人の耳を、噛み切ったという。その馬は射殺された。

私と馬鈴薯

たかが馬鈴薯、普段は話題にもならない野菜だが、私には深い思い入れがある。

昭和十八年、私たちの開拓団は、一年間の組経営を体験した後、個々に独立した。夫と私は、新しく建設された本部集落へ引っ越した。割り当ての耕作地以外に、自由に使える土地へ、手を伸ばした。意欲に燃えていたし、労力にも自信があった。昨年は、義勇隊の耕作地だったらしい。わくわくしながら、プラオで起こし始めた。

丸い物がゴロゴロと出て来る。馬を止めて拾うと、干乾びた馬鈴薯だ。皮を破ってみると、澱粉の固まりである。そこは馬鈴薯畑だったのだ。地中で凍ると、このように変化するのか。一つの発見だ。思わぬ所で知識を得た。それに澱粉は、今の自分たちには貴重な食品だ。思いがけない拾い物をした。

その年に配給になった種薯は、紅丸《べにまる》という品種だった。私は初めて目にした。少し紫がかった美しい紅色。満州は肥沃な土地だから、作物の成長が早い。貧しい村の「さぐり薯」の話を思い出して、その根元をさぐった。鶏卵ぐらいの物を想像したが、拳大に育っていた。早速その日の夕餉の食卓に載せた。

紅丸は量産目的の種類だという。戦時中の庶民の腹を充たすには、打って付けの作物だ。その言葉どおり、ビックリするほどの大きな物が採れた。然し紅丸の記憶は、その年でプッツリと途絶えている。なぜだろう。どうして世の中から消えたのだろう。そんなに人から疎まれるほど、まずい味とは思わなかったが。紅丸という名前に、私は愛着を感じていた。

馬連河《ばれんが》の難民収容所にいた時のことだ。私は毎日真面目に作業に出た。その日は馬鈴薯の収穫だった。男性が鍬を打ち込み、女たちが麻袋を引きずって、薯を拾い込む。監視のソ連兵に肩を摑まれた。緊張して振り向くと、私が取り残しているのを指さす。拾え、ということらしい。こんな小さな物まで？　私が拾い始めると、満足そうに頷いた。

老人が言うのなら分かるが、この若者が、と訝かった。そして考えた。ソ連という国は食料が乏しいのか、と。二十歳半ばの私にさえ、そう思わせる出来事だった。戦後になって、それを裏づける話を耳にした。

シベリア抑留から帰還した人からの話に、こんな件があった。指先ほどの馬鈴薯が一粒（個）でも、スープの中にあると、とても嬉しかった、と。私は馬連河の、あの日の光景を思い浮かべた。

砂糖騒動

昭和十八年という年は、未だに心に鮮やかに刻み込まれている。あの砂糖騒動が起こらなかったら、これ程印象深い思い出にならず、終わっただろう。太平洋戦争は拡大していく。配給生活が当たり前の日常だが、私は滅多にない砂糖の配給日が待ち遠しかった。もちろん満足するほどの量はない。料理下手な私は、それを使って何を作るという気にもなれない。私が少しずつなめて、何日かでなくなる。夫も甘い物が欲しくなったのだろう。彼がその砂糖の入った弁当箱を見た時には、いくらも残っていなかった。

夫が怒るのも当然だ。私には私の言い分がある。村一番の働き者、と自他共に認めている。この身体が要求するのだ。夫も私の労働ぶりは承知していながら、いざ喧嘩になると激しく攻撃してくる。夫の言い草が、私を一層反発させせる。普段の糟糠の妻の顔はない。「何言ってんのよ。ふーんだ」私は、今日は絶対に負けないぞ、と決めた。

そんなことがあって、私は前年に家庭菜園で栽培した、ビートの乾燥品を使って、砂糖を作ることを試みた。ビートのことを聞いたのは、満州へ来てからだ。大根から糖分を取る話に興味を抱いた。電気・ガス器具のない大陸の辺地だ。薪を焚くかまどに、小さな鍋はしっくりいかない。農作業の合間の手作業だ。煮出汁を煮詰めるまでには時間がかかる。

紫色の煮出汁がだんだんに濃く粘くなる。岩塩を少し入れると、何とかごまかせる味だ。砂糖を少々加えると、ぐっと味がひきたつ。ポーミー団子を入れたぜんざいに「ホウ」と夫は顔を綻《ほころ》ばす。砂糖を沢山使っているように話す。時にはおはぎを作る。夫は文句が言えない。世情に鈍い夫とは反対に、私はよく知っている。大人一日に米二合五勺の配給だ。

お粥が常食の家、粟飯も食べるという家族等。本部員はいざ知らず、一般の家庭で普段におはぎを作る贅沢、やりくり上手な自分がいとしくなる。何にでも挑戦してみる私。これが開拓魂というのか。二人の顔に疲れが見えると、私はまたぜんざいを作るのだ。

師走のある日、夫の父の命日を祀った。僧侶に支障があって、夫人にご足労を願った。

「まあ貴女、よくこんなことができましたね。おはぎなんて久し振り、おいしいわ」と大層喜んでくださった。私の手作りの甜菜糖のおはぎも、まんざらではない、と胸の中で喝采したのである。

あの砂糖騒動が一つの刺激剤になって、私たちは一段と飛躍した年であった。

梨の味

梨の最盛期だ。私は甘党だから、果物には関心が淡い。果物は、大黒様へお供えするために買うだけだ。今年は五、六個買ったが、おいしいと思ったのは一個しかなかった。

梨を食べながら思い出すのは、満州でのある夏の日に、馬の側で夫と交わした会話である。「古城」という日本馬で、関東軍から依託され、農耕馬として飼育していた。姿もよく、利口な馬だった。露を含んだ青草を投げてやると目を細めて、いかにもうまそうな食べ方だ。

「そうか、おいしいか。よかったな、たんとお上がりよ」と鼻面を撫でてやる。

人間の住居と一つ屋根の下で、台所の戸を開けると、土間の一隅に壁で仕切った所が、廐になっている。人の気配がすると、すぐ飼料桶の前に来て、こちらを見ているので、つい寄ってゆく。子供がいないので、私たちは何かと馬をかまってやる。投げ与えた長い草を振り回しながらムシャムシャと噛むのを、うっとりと見たり、時には手に持ったまま食わせる。

厩の側で、飼料の豆粕を削っている夫に話し掛けた。「古城はいつも草をおいしそうに食べているけど、馬が草を食う時の味は、人間の食物にたとえたら、何でしょうね」「そうさ、な……」夫は言葉を切った。暫くしてから「梨かな」と、言った。私は何も考えてはいなかったが、その返事を意外に思った。

飼料桶に入れて与えるのが、人間の三度の食事に相当する。投げ草は間食ということになる。人の間食はいつも同じ物ではないが、馬は同じ物を飽きもしないで、嬉しそうに食べている。夫が、果物と言わずに梨という固有名詞を出したのが面白かった。

身近な果物を頭に描いた。桃のあの甘い香りと上品な味は、青草に合わない。林檎も何となく違う。酸味を持つ柑橘類はおかしい。バナナは異質のものだ。するとやっぱり梨が無難か。「フーン……梨ね」私は何となく納得したのであった。

結婚三年目の夫婦は、たあいもない会話を交していた。その翌年には、今までの日本の歴史を覆す敗戦の日が来ることを、夢想だにしなかった。そして夫がその戦場に駆り出され、再び還る日のないことを、知るはずもなかった。あの時、梨という言葉が夫の口から出たのは、彼が好きな果物だったのか、それを聞き返さなかったことを、後悔している。

梨を掌に載せると、あの日の情景が目に浮かぶ。夫と私と古城の平和な家族の姿が……。

鯰

　ある時、ひょんなことから、鯰の話が出た。私は一度だけ、満州で鯰を食べたことを思い出した。あれは昭和十八年だったと思う。

　私たちの開拓団も、個人経営になっていた。季節は覚えていないが、黄昏時に家に帰るのだから、農耕期だろう。夫が話し掛けた。

「夕飯のおかず、何かあるんかい」「何もないわ」「そうか、じゃ魚でも釣るか」と、出て行った。釣りの経験は昨年、長嶺子に住んでいた時に一度だけある。

　あの川は鏡泊湖へ流れ込んでいる、と聞いた。その上流だった。溝位の流れで、広い所で三メートル程度のものだった。釣人を知らない魚たちがひしめいていた。パイユウ、という腹部がピンクの魚が多かった。私はそこで、三十センチ以上のものを十数尾釣り上げた。餌は飯粒だった。夫はその時のことを思ったのだ。

家の近くに小さな川がある。いつも洗濯に行くが、魚を見たことはない。家の裏のほうへ曲がっており、その上流に深い淵がある。夫はそこへ行ったのだ。御飯は炊き上がっているのに帰って来ない。不安になった。釣れなくてもいいから、早く帰ってほしい。裏の土手に上って呼んだ。「おう、もう一寸したら帰る」。時間をおいて、また呼んだ。外はもう真暗だ。

「おう、一匹釣ったから帰るよ」。

持ち帰ったのは、細長い代物だ。「それ、なに」「鯰だろう」夫は群馬県の山の中の生まれだ。魚のことはよく知らない。私もそのほうは不得手だ。「切って煮たらいいや」ということになった。醤油の配給は乏しい。砂糖もない。何とか煮上げた。白身の魚を、二人は顔を見合わせて、恐る恐る口にしたのである。

魚の配給があったのは、いつだったか忘れてしまった。もちろん、塩干物だ。

開拓団の仕事は重労働だ。農繁期は、私は早朝四時から、夜の十一時まで、動きどおしが何カ月も続く。蛋白質と甘い物を、身体は要求するが、じっと抑えて来た。不安な気持ちで箸を付けた鯰も、やっぱり魚だ。魚の味がする。久し振りに、会話が弾んだ食事だった。

食卓の魚の骨を片付けながら、鶏を飼ったらいいね、等と話し合った。骨の処置で思いついた。今度満人集落へ行く時は、私の着物を持って行って、鶏をひと番《つがい》買って来なさい、と夫に勧めた。「鯰って、一般に食べる魚なの」「さあ、どうかな」食べ終わってから、こんな会話になった。

私たちの結婚生活は三年半で終わった。あの鯰を獲った時が、夫の最後の釣りだった。六十年近い昔の話である。

南瓜談義

南瓜は、私の大好きな野菜である。それを好きになったのは、満州の開拓地とかかわる。

南瓜を栽培したのは、入植三年目の昭和十九年、本部集落の夏だったと思う。郷里では菊南瓜しか見たことがなかった。エビス南瓜、栗南瓜、デリシャス等の種子を配給されて、蒔いた。満州の沃土は、作物の成長が早い。種子を蒔いたまま、日が過ぎていた。

ある朝、畠の隅の菜園に、南瓜の花が咲いているのを見つけた。空気が澄みきっている大地である。実に鮮やかなオレンジ色の、大きな花だ。「ああ、きれいだ」と見渡すと、あちらにもこちらにも葉の間に見える。数え始めたら夫がやって来た。煙草の吸殻を投げ捨て、一つの花をむしり取って、側の花に近づいた。花の交配をしたのだ。

私は今まで、花が咲けば飛び交う虫に依って、自然に実がつくものと簡単に考えていた。人の手に依る交配を初めて見た。夫は青年時代に農事試験場で働いていた、と聞いた。それからは面白がって、畠へ来ると朝露のある間にそれをして回った。

自家用に植えた南瓜が、収穫期には置場に困って、蚕棚を作って積みあげた。私たちの悩みを解決してくれたのは、後続の団員家族の入植だった。湿地帯の向こうにあった義勇隊の一中隊が移転して、その跡へ住むことになった、主食の配給はあっても、野菜等はない。「あそこへ売りに行こう」と提案した。夫は嫌がった。「あなたは馬車の番をしていればいいのよ」と、強引に連れ出した。私は物価指数を考えて、値段を決めた。

皆は、とびついて買ってくれ、家の中は片付いた。思わぬ収入に夫は大喜びだ。団の配給だけでは足りない煙草を買うために、いつも私の衣類を持ち出しては、喧嘩になっていた。当分は私の小言を浴びずに済む。坊ちゃん亭主に悩まされながら、私は逞しい開拓地の妻に成長した。「畠山の家では、妻君が太っ腹だから……」という声が、私の耳にも届いた。

馬連河の難民収容所にいた時も、南瓜の思い出がある。門衛の若いソ連兵たちを言いくるめて、女二人で牛車を引っ張って外に出た。言葉が通じない相手だから、身振り手振りで、頷かせるまでには時間がかかった。牛の飼料にするポーミーを刈りに行く、と彼等には言ったが、底には南瓜を沢山並べていた。危険な行動ではあったが、周囲の人々の空腹を救って、随分と喜ばれた。

私は今日も南瓜を煮ている。

水田風景

米作りも、本部集落へ引っ越しする魅力の一つだった。何と言っても、米は主食だ。

水田を始めたのは、昭和十九年である。個人経営になって、何も彼も一度に始めるのは無理だ、と上層部が判断したのか。移動するはずの六中隊が未だいるので、考慮したのか。この田で、私は一つ学んだ。田起しを始める頃には、雑草が水の上に伸びている。その中に三角形の葉がチラチラと見えていた。

土を起こし始めると、浮き上って来たのは慈姑《くわい》である。へえ、満州にも慈姑があったのか。一年に一度、縁起物として食べるが、子どもには好まれない食品だ。大人になっても、私はさほどに関心がない。でも今の私たちには必要な食べ物だ。野菜の一品は、思いがけない神の恵みだ。私の脳は、また一つの刺激を得た。

大喧嘩しながら、整地した。私たちは小柄な身体だ。腕が未熟な人間は、心も未熟だ。疲れてくると、お互いに相手を思い遣る余裕がない。あの日私は、間違えばプラオの鋭い広い刃で、足に大怪我をしたかも知れない。夫は苛だって、私を泥田へ突き倒した。顔を泥濘に埋めた私は、さすがに怒りに任せて立ち上がると畔へ向かった。雨の中で働いているのは、私たちだけだ。夫には、一人でやり抜く根性がない。

稲作の直播き栽培というのも、初めての体験だ。その日夫は、またどこかへ逃げた。私は慎重に転播機を動かしていた。「お一人ですか」の声のほうを見ると、農事指導員だった。少し手伝ってくださるという、一場面もあった。こうして秋には、周囲と同じように黄金色の穂が波打っていた。茎丈は短いが、上出来だ。

農耕期間が短い満州では、これが一番効率のいい農作物ではないか、と思った。畑地の作物の蒔付けが終わって、最後の播種になったが、他の作物並に育っている。夏の私は、八面六臂の働きをする。何回喧嘩したことだろう。それでも食事を作り、洗濯をし、馬の世話も、行き届かないながらも、毎日続ける。

水田をやらない人たちは、主に都会組であった。それぞれの田の持ち主は知らない。近くに働いていた女の人は知っている。昨年の春、妊娠中に「米を分けて頂けませんか」と、やって来た。私は配給米を少しずつ貯えて、非常時に備えていた。私の知人の口から、回り回って、彼女の耳に届いたのだろう。その時に二升お分けして、喜んで帰って行った。

「畠山の所では、あの妻君がいるから……」と人々に言われたものだ。初めて米の収穫をして、安心して冬を迎えた年であった。

あのハーモニカは…

ある日、ポーミーの成長を見よう、と畑に入ったら、ハーモニカが落ちていた。未だ新しい。その畝の中は、葉が折れたり、ぶら下がったりして、人が入った気配がある。

ポーミー畑は、私たちの農地の一番端にある。ゆるやかな傾斜の丘の中央から の上面が、全部私の家のもので、ポーミーの栽培地は曲がり折れた地形で、農地の中央からは見えない。その畑から百メートル余の所に、義勇隊の一個中隊がある。その中の少年たちのいたずらだろう、と夫と話し合った。満人たちの集落は近くにはないし、それに彼らがこんな楽器を持っているとは考えられない。

義勇隊の事務所へ届ければ、本人が小言を浴びるか罰せられるかだ。そのまま、家に持ち帰った。落とし主は、さぞ悔しかったに違いない。この品は、掬《も》いだポーミーの何倍もの値段だ。夫は家で時々吹いていた。彼は以前に、マンドリンを持っていた。その音色は聞いたことはなかった。それをある家の坊やに進呈した。何かと世話になっているので、そのお礼のつもりだったようだ。

夫がハーモニカを吹く時は、私が歌う。私は声は悪いし、音痴で唱歌の成績だけは、クラスの最低だった。それでも娯楽のない時代、二人には楽しいひとときだった。薄明かりのランプの灯る中では、ロマンチックな雰囲気が漂っていた。東の満人集落へ引っ越してからは、一層その音色は、日常生活を豊かにしてくれた。

私は歌いながらもふっと、落とし主の少年を思い遣ることがあった。あの時、すぐ届けて上手に話せばよかった。そうすれば少年も傷つかず、再び楽器を手にして喜んだであろう。もう、人の畑を荒らすことはしないだろう、と。あの時点では、咄嗟にそれだけの才覚が浮かばなかった、自分の稚さが悔まれた。

あの中隊の人たちは、私の知らない土地へ引っ越してしまった。もう会うことはないだろう。彼の少年も過去を忘れて、逞しく成長したかも知れない。

「ごめんね。私たちが楽しんでいます」私は心の中で詫びた。

昭和二十年五月十五日、夫はソ満国境の町、東寧の部隊に入隊した。あのハーモニカを、夫は持って行ったのか。ポーミー畑で拾ったハーモニカの記憶は、あの日から途切れた。夫は還らぬ人となり、それを尋ねることはできない。

あのハーモニカの落とし主は、健在ならば七十路半ばだろう。

満州の雉狩り

大きな鳥料理店の看板燈の品書きに、雉鍋というのがあった。どんな鍋だろう。私は五十余年前に、満州で雉を食べたことを思い浮かべた。味は忘れてしまった。

冬の朝だった。夫が山へ行かないので、ゆっくり朝食を摂った。外で大きな喚声が聞こえた。私はドキッとした。不安がよぎった。

あの声は何でしょう、と、夫の顔を見た。義勇隊の奴らが雉狩りしているんだろう、と夫は答えた。義勇隊というのは「満蒙開拓少年義勇軍」のことである。近くに、寧安訓練所本部があり、湿地帯の向こうには、一個中隊が駐屯している。

私はすぐに裏へ走り出た。川の向こうの湿地帯を、少年たちが走り回っている。その背後にある傾斜地の畑は私たちの所有だ。そこから上部は原野だ。その尾根に大勢が並び、「オウッ」と大声を上げているのだ。雉が、バタバタと飛び立って、反対側の丘を目指す。ちょうどこの本部集落の後側になる。そこでまた、大声に追い立てられて、向きを変えることになる。

雉は長い時間は飛べない。中間の湿地帯に降りて来る所を、少年たちに叩き落とされる。うまく地面に降りて羽を休めていると、待ち構えていた一撃に遭う。すでに腰に、数羽の獲物をぶら下げた少年もいる。

一羽が地面に降りかけて、向きを変えてこっちへ逃げて来る。二人が追いかけたが、川の近くであきらめた。獲物はいくらでも狙えるのだ。その雉は家の横の窪地に下りた。トーピスを造る土を採った跡地だ。私は斜面を駈け下りて、鳥の上に覆い被さった。しっかり押さえ込んだ。雄だから羽がきれいだ。

私の興奮は中々収まらない。生きた鳥を捕まえたのは初めてだ。かっちりと胸に抱いて立ち上がった。「雉をつかまえた」という私の声に、夫が土間へ下りて来た。彼の指示どおりに、雉の首を捻って縄で結んだ。土間に吊っておいたら、夕方にはすっかり凍っていた。

たまにしか口に入らない、貴重な動物蛋白だ。その冬にもう一度、幸運に遭遇した。あの日は地面に雪が残っていた。水汲みに行く私の前へ下りた雉は、たてかけてある枯柴の束の中へもぐり込んだ。小さな足跡を残して。少年たちは雉を追って村へ入って来た。しかし探しあぐねて、引き揚げて行った。

私は見届けておいた、枯柴の束をそっと動かした。雉はじっとしていた。地味な雌の羽は、保護色になって少年たちには見つからなかったが、私の手に掴まれたのであった。

あの坂、この坂

本部集落は、盆地の底の一画にある。集落から出るにも、入って来る人たちも坂を通ることになる。主な出入口は、南門と北門だ。

南側は、門からなだらかな坂道が延びている。この坂は、団のトラックがよく往来する。団員の生活物資を運ぶために、東京城の弁事所へ行く。開拓団から出征する人たちが、トラックでこの坂を上った。昭和二十年五月十五日。夫もその中の一人だった。皆が、南門の所で見送った。夫はそのまま、還らなかった。

私たちは、本部集落に二年間住んでいたが、南門を通ったのは数回だった。二人が農耕に行く時は北門を出る。そのまま進むと、灌木の間から、川が見え隠れする。上流にある橋の手前が三叉路になっている。右側の長い坂、真中は距離はさほどでもないが、急な坂道だ。この坂は、私にとっては魔の坂だった。

東の満人の屯へ引っ越した年のことだ。刈り取った大豆を何回も運んだ。その最初の日に、大騒動をしでかした。緊張して坂を上り始めた。もう一息という所で車が止まった。私が馬車を操っていた。夫は前に回って、馬を引っ張る。私は両手の手綱で馬の尻を叩き、気合いを入れる。馬も俯いて、前足に力を入れているのが分かる。ここで馬が足を滑らせたら、人も馬も車も逆落としだ。

荷が重過ぎたのだ。この場ではどうすることもできない。ともすれば馬の足が滑りそうになる。馬も危険を察しているのだ。「ふんばってくれよ」と、心の中で念じる。三者三様の必死の思いだ。馬は口から泡を吹きながら、僅かずつ進む。ようやく坂を上り切った。私は、荷台から降りて、馬の首を軽く叩いた。「ありがとう、よく乗り切ってくれた」と。夫は馬の鼻面を撫でている。これから何回も、通らなければならない坂だ。

干し草を運んだ時は、もう夕暮れだった。荷は軽いが、高く積み上げているので不安定だ。坂を上った所で「近道を行こう」と、夫が言う。彼は一頭の馬を引っ張って、先を行く。道路から草原への乗り入れに失敗した。一尺ほどの落差があり、一瞬車が傾いて、私は投げ出された。這ってその場から逃げる気力はなかった。動けないのだ。

「ここで死ぬのか」私は観念した。手綱がゆるんでも、馬は歩き続ける。草原に張りついた私の膝の裏側を、轍が過ぎて行った。意識が朦朧としかけた時、夫の声が遠くで聞こえた。

「馬鹿たれ、何しとるんだ、早く来い」

私は薄闇の中で、フラフラと立ち上がった。

午前二時の警備

テレビドラマの中で、夜勤の看護婦が交替する。ちょうど午前二時。それを見て、私は五十九年前の、満州の一夜を思い浮かべた。

表のガラス窓を叩く音に目が覚めた。昨日の朝、Sさん兄弟と山へ行った夫が帰ったのか。私を起こさなくても、腰高障子を取り付けているだけの入口だ。厄介な人、と思った時に声がした。「畠山君、畠山君」と。ハイッ、と答えて窓の側へいざり寄った。「警備の交替です」。私は狼狽した。時間を尋ねると、午前二時という。

夫の留守を告げると、「代わりましょうか」と言ってくれた。勤務時間は二時間。「次の人は誰ですか」。四時で終わりだと言う。私は迷った。十六歳の少年が出る家もある。私が勤めてもおかしくはない。何とかやれるだろう、と心を決めた。

「私がやります。お疲れさまでした」

私は防寒の身固めをして、銃を肩に掛けて外へ出た。真冬の夜の温度は氷点下三十度に近い。オンドルに寝ていた身には辛い。一番目の北門へ向かう。村を囲んで土手を築いているが門はない。次は東門。側には本部の事務所がある。そこだけは灯が見える。土手の十メートルぐらい手前で、足がピタリと止まった。土手の外には、忠魂碑、馬魂碑、牛塚がある。

昼間は何も感じない。そこを見回る気持ちはあるが、足が一歩も進まない。これを霊気というのか、後回しにして南へ向かった。西側は川に沿っているので囲いはない。東門へ引き返したが、同じ場所で足が竦む。私は後悔した。やっぱりKさんに頼めばよかった、と。恐怖心で、心身共に凍りつきそうだ。前後の考えもなく、わが家へ転がり込んだ。

私は布団の下に足を入れた。少しずつ人心地がついて来る。私が家に入っている間に、異変が起こることのないように、と祈る。少し温まったので外に出た。しんしんと冷え込む大地。川も凍りついているので、何の物音も聞こえない。川の上流は、狼谷と呼ばれている。満人の牛が襲われた話も聞いた。私が狼の声を聞いたのは、去年の秋だった。静まり返っているのも、不気味なものだ。

広がる闇の彼方に、ポツンと青い点が動くのが見えた。湿地帯の向こうの、それは私たちの耕作地である。あれは狼の眼ではないだろうか。ふと、そんな思いがよぎった。私はまた、村の中を回り始めた。ガチガチと歯がなる。東門の所で、私の足は三度目の謀反だ。

あの場所は今、どうなっているだろう。

開拓地の冬

集落の北門を出て、岩のゴツゴツした狭い道に馬車を進めている時は、まだ私の胸には迷いがあった。引き返そうか、と。

「やっぱり止めたわ」と言って、夫の病床の枕辺に座ろうか。「冗談よ!!」と、笑って誤魔化そうか、等々。私の気持ちを馬は知らない。カッ、カッ、と蹄の音を響かせて行く。橋の手前まで来ていた。「どっちへ行くの」馬が私の返事を待つように、立ち止まった。私はとにかく左手の手綱を引っ張った。馬は左へ曲がり、短い橋を渡り切った。

もう引き返せない。私は心を決めた。両手の手綱で馬の尻を打って、活を入れた。夫の反対を押し切って、一人で柴刈りに出て来たのだ。義勇隊の建物の側を通り過ぎて、坂道を上る。その行く先に、チータンシーと呼ぶ岩が見える。

卵型の石、という意味だ。そこで一つの事件が起こった。一昨年のことだ。団の先遣隊が入植した年である。

突然一頭の虎が現れて、満人が襲われた。近くの和盛屯の副屯長が、虎を射殺して車に載せて帰るのを見た、と夫が話していたのを思い出した。その岩の近くまで来た。この辺りは雑木の枝がよく伸びて、落ちない枯葉がカサカサ鳴っている。楢や櫟が多い。私が雑木刈りに来るのは川の近くで、ここまで足を延ばしたことはない。距離の他に恐怖も感じる。

満人が災難に遭ったのは、やはり薪取りの季節だろうと思う。私は車を止めた。これだけ繁っていれば、車一台分は楽に採れる。それにここなら、わが集落も見える。少しは心丈夫だ。近くに義勇隊があるのも頼もしい。見回すと、道から少し折れた場所に、格好な木がある。そこへ乗り入れて、車を付けたままで馬を繋いだ。「しんどいだろうが、我慢してや」と、馬の首を撫でた。

私は、まだ馬の扱いに自信がない。馬をなだめながら、車を結びつける。干し草の束を与えて、鎌を持った。前後、左右へ気を配る。虎を見つけたら、逃げる算段をしているのだ。来た限りには、車一台分の荷は作りたい、との意地がある。もし虎が現れたら、駈け下って、義勇隊の敷地へ逃げ込むのだ。その時馬は？　私は忙しく鎌を動かした。

何とか女一人の荷車の格好が出来上がった。背負うのだったら二束だから、五、六倍の仕事だ。車の荷台に腰をかけて、手綱を握った。もう虎のことは、脳裏から消えていた。夫への不満の気持ちもなくなっていた。

開拓地の冬の一コマである。

薪取りの季節

闇者屯に引っ越してから、夫は山仕事に村の住人の張さんと、よく出掛けた。この村に張という姓は何人もいたが、その張さんは感じのいい人だ。暮らし向きも、かなり裕福そうに見えた。私の家ではその人の脱穀場を借りて、脱穀仕事を終わらせた。新しい土地での、農閑期を迎えて嬉しくなった。ある日、夫が「明日から山へ行くで」と言った。「誰と行くの」「張だ」夫は明るい声で返事をした。満州の冬は、薪が一番必要だ。

私たちは冬の山へ行くのを、伐採と言っていた。伐採には一人では行かない。怪我の恐れ、獣たちに出喰わす場合もあろう。狼は昼間は出ないだろうが、満人が虎に襲われた話を聞いている。地域の住民との問題も考えておかねばなるまい。本部集落にいた頃は、いつも三、四人の集団で行ったものだ。

いつだったか、満人たちが山から帰るのを見た。「へえ、こんな早い時刻に帰って来るの」と、驚いた。団の男たちの帰りは、大抵夕暮れに近かった。とにかく、明日夫が山へ行ってくれるのが嬉しい。そんなこと等話しながら、早目に床に就いた。誰かが窓を叩いた。「オシヤン、オシヤン」と、張さんの声だ。寝てから、そんなに時間が経ったとは思えない。

夫の肩をつついた。「張さんが呼んでいる」と。私はランプを灯した。未だ十二時を回ったばかりだ。夫は張さんの家で食事を頂き、弁当ももらって、山行きとなった。満人たちはこんな時間に山へ出かけるのか。これから先の山行きのことが案じられた。満人たちは、開拓団員と交際することで、何かの利点は考えただろう。夫が行った後で、私は熟睡した。

夫が帰ったのは、午後の早い時間だった。「あら、もう帰ったの」と、馬車へ駆け寄った。一緒に荷を下ろしながら、ハッと気づいた。枯木ばかりである。生の木は一本もない。焼け焦げた、かなり太い木がある。そこそこの不揃いの木材は、すぐ燃料になる代物ばかりだ。私には嬉しくて、有難いことだ。

満人たちには、山の木を伐ってはいけない規則でもあるのか。私たち日本人は、燃料として木を伐ることを当然としてきた。あの広大な面積の山がある。奥地へ行けば、台風で倒れた木や、山火事の後で自然に枯れた木等、鋸を使わずに取れる燃料が転がっているのだ。それを求めて歩く、彼等の生き方に感動した。

張さんと行く限り、いつも枯れ木ばかり採って来るだろう。この村へ来てよかった。その夜のオンドルは端まで温かった。

広野の夜道

夕暮れというより、もうすっかり夜の感じだ。満拓から講師が来て、農事講習があるというので、出席した。闇者屯では、私のほかは誰も無関心だった。まさか終了時間がこんなになるとは、思わなかった。一人で村へ帰るのは恐怖心も湧いたし、大儀にもなる、馬がいなければ、本部集落の知人の家に泊めてもらいたい。夫は留守、近所の人たちは、私が講習会に来ていることは知らないだろう。夕方までには帰れるつもりが、こんな時間になってしまった。

坂道を上り、幹道に出た。いつものように近道を選んで丘へ向かい、獣径を辿って行くと、突然すぐ近くで「ウオーッ」という狼の吠える声。この辺りでは初めてだ。私は夢中で背を向けて走り出した。幹道へ出て、本部へ通じる坂道まで一気に走って、立ち止まった。何も追って来る気配はない。私は胸の鼓動が静まるまで立ち尽くした。本部集落へ行くか、家に帰るか。馬のことを考えて迷う。

闇者屯へ帰る満人が通らないか、と闇の中を見渡す。こんな時間に通り合わせる人はいないだろう。昨年、他所の団で開催された馬耕競技会に行った帰り路、背後で狼に吠えられた。夫もいたし、私が馬車を操っていた。「あなた、煙草に火をつけなさい」と言った。あの時は闇の中で、煙草の火に一縷の望みを托した。今は何もない。それに一人だ。

「馬が可哀相だ。帰ろう」と、心を決めた。恐る恐る歩き始めた。先程の場所まで来るとまたしても「ウオーッ」と、威嚇するような声。私は逃げ出した。自分の足を信じて、飛ぶが如き走り方だ。幹道に立つと、考えがぐらつく。帰るべきか、止めるべきか。屯へ通じる道路は大周りになる。そちらを行けば安全か。馬鹿真面目に、来たことを悔む。

呼吸も平静に戻った。私はやっぱり、家に帰ることにした。性懲りもなく、獣径へ足を踏み入れる。一足、一足耳をすましながら、元の所へ辿り着いたが何事もない。「神様、仏様、どうか家へ帰り着くまで、お護りください」と念じながら、摺足で遂に丘の頂上へ来た。

ここまで来たら、丁度半分だ。家に帰るほうへ賭けるほかはない。フウーッ、と大きな息を吐くと、辺りの灌木の枝を薙ぎ倒す勢いで、ひたすら走りに走った。天狗は空を飛ぶというが、私の身体はまさに天狗そのものだった。

あれから半世紀以上経った。今でもあの丘では、夜になると狼が吠えることがあるのだろうか。

二人の日本兵

ベランダに出て、満月に気づいた。空を見上げていると、遠いあの日のことが蘇った。

五十八年も昔の昭和二十年、四月頃のある夕方だった。満州の小さい屯での出来事である。あの時私が、井戸で水を汲んでいなかったら、その二人に会うことはなかった。彼等が真直ぐに馬を走らせていたら、その屯を通過するのに、一分もかからないだろう。

「あっ、日本人がいる」一人が言った。「日本の方ですね」「ここは日本人の村ですか」等々。私も突然に現れた日本兵に驚いた。日本人を珍しがるとは、この人たちはどこから来たのだろう。この地区には、私たちの開拓団の集落もあるし、寧安義勇隊訓練所もある。その中隊もあちこちにあるはずだ。

夕食を作ってもらいたいという。米は持っていると、つけ加えた。この人たちは斥候かな、私はふとそんなことを想像した。この屯には、開拓団員は五家族だけだ。昨年の秋に、本部集落から引っ越したばかりである。入植五年目で、未だ団員の生活は安定していない。その上、男たちは馬を連れて、出稼ぎに行っている。突然の見知らぬ人に、快い返事をくれる人はいないだろう。どの家も皆事情がある。

しかし無下にも断れない。比較的余裕があるのは、私の所だ。とにかく家へ伴った。先ず馬たちに水を飲ませた。飼料を与え、干し草も与えた。伴って来たものの、食事作りには苦慮した。配給も十分ではない。でもわが家は昨年水田をやったので、米だけは不足しない。せめてもの心づくしに、知り合いの満人からハルサメを分けてもらった。貧しい夕餉の用意ができた。

食事が終わっても、彼等は落ちついていて、時に雑談をする。私には、時間稼ぎをしているように思えた。その時に脳裏に浮かんだのは、少年倶楽部で読んだ、山中峯太郎の『敵中横断三百里』であった。夢中で読んだ小説だ。二人を、物語の中の人物に重ねてみる。

彼等が家を出たのは深夜で、外は皓々たる満月だ。城壁の外に出た。「ではお別れします。お世話になりました」二人は、ひらりと馬上の人になった。「お気をつけて、ごきげんよう」と、言葉を返した。茫々たる月下の広野を、蹄の音高く駆け去る二人を、うっとりと見送った。お互いの名前も知らず、一期一会の数時間を過ごした。

八月十五日に終戦になった。私たちがそれを知ったのは、避難していた山中であった。あの二人は、その後どんな人生を送ったか。

満州の干瓢

昭和二十年の二月に、私は満州から日本へ一人旅をした。祖国を後にしてから、四年と二カ月だ。初めての実家帰りである。夫も一緒のつもりだったが、止めると言い出した。

何かと生活用品を送ってくれる私の親たちに、土産も持たないで顔を出すことが、彼の心を萎えさせたのかも知れない。私は前年の夏に手作りした干瓢を、リュックサックに詰め込んだ。そしてわが村では未だ見たこともない、大納言小豆も一緒に入れた。

私の顔を見て、父と継母は大喜びしてくれた。「よう来た、よう来た。遠い所を」と泣き出す始末だ。私はリュックサックを下ろして、徐《おもむろ》に中の品を出した。

「私たちには、未だおみやげを買う余裕がないので、私が作った干瓢を持って来ました」

と父に見せた。真白に仕上がっている干瓢を見て「これは何よりの品だ」と、上機嫌だ。私へのいたわりの言葉かと受け取ったが、それは父の本音であった。干瓢は普段には食べることのない品で、昔は特にそうだったのか。

私の郷里では人寄せの時には、「おひら」皿の中に、干瓢が必ず入っていた。調理方をする人は、海を渡って町へ買い出しに行く。戦時下では、その干瓢が品不足で手に入り難いという。出征兵士を送る宴や、英霊の帰還の家では、困っていることを父から聞いて、成程と思った。

父は親戚の家で、よく調理方をしていた。親戚以外からも頼まれることもあり、その事情をよく知っていたので「これだけあれば」と嬉しそうに言った。人を喜ばせてあげることを考えていたのだ。恐る恐る持って来た品物が、大歓迎されて私も嬉しくなった。「ああ、よかった」と思わず呟いた。五十八年も昔の話である。

いつだったか、そのことを書いたら、通信講座の講師から、思いがけない厳しい注意を受けた。「冬瓜は干瓢にはならない。書き直すように」と。私は冬瓜の干したものを、干瓢と思い込んでいた。本部から種子を配給されたので蒔いておいた。農事指導員も野菜のことは、詳しくは知らないように思えた。

蒔いたのが特別の土地だった。結実すると、その成育ぶりには目を見張った。直径が二十数センチ、長さが五十センチもある代物がビッシリと地面に横たわっている。驚くよりも気味が悪い。夫を引っ張って行き、しげしげと見つめていた。

豊作も過ぎると困りものだ。生食野菜なら有難いが、一番忙しい農耕期に、煮物をするのは手間だ。折角出来たものを無駄にしては勿体ない。何とか役立てたいと、乾燥保存することにした。輪切りにして、薄く紐のように剥いた。二個剥くと、かなりの量だ。

昼食の後で、夫が昼休みをしている時間帯に、せっせと手を動かす。それを長い干し竿二本にかけて干す。白いスダレが軒下に、美しく映える。夕暮れに畑から帰って取り込む時には、パリッと乾いている。満州の夏は、干し物をきれいに乾かす。一カ月余り、それを続けた。

私の手作りの干瓢には、そんないきさつがあったので、講師の評を素直に聞けなかった。ある時テレビで、生産地の人々の作業ぶりを見たことがある。彼等が機械で効率よく剥いていたのは、私が輪切りにした冬瓜ではなかった。形の丸い物だった。「ああ、そうだったのか」と、自分の非を認めた。そうして新しい知識を得たことが嬉しかった。

私が土産にした干瓢は、似て非なるものだったことになる。それとは知らずに、父娘は喜び合っていたのだ。父は村人たちに、「これは私の娘が、満州で作った干瓢ですわい」と、話したことだろう。父はユーモアがあり、話題の豊富な人だった。それを食した人々も。「ホウ、満州の干瓢ですか、これは珍しいものを」と、味の違いはその故にしたかも知れない。

現代では、私の郷里でも人寄せの時は、仕出屋へ注文する。洋風料理が多いので、昔とはすっかり異なった形式だ。銘銘膳の前に座ることもないし、「おひら」という言葉を使う人もいない。随って干瓢の載った膳は、わが郷の慶弔の場から消えた。買物に来た時、乾物品の棚で干瓢を見かけると、値段を見る。思いのほか、高い値段に「へぇー」と呟く。

満州の開拓地にいたのは、五年に充たなかったが、実にいろいろのことを学んだ。あの干瓢のことも、忘れられない思い出の一つである。

牡丹江の朝市で

Kさん一家が、私たちの開拓団へ入植したのは、昭和十九年の暮れ頃だったか。闇者屯で、旅装を解いた。目を見張るほどの荷物だった。彼は元陸軍伍長だったと聞いた。

彼等一家との交際は、短い期間であった。私が初めて実家帰りする昭和二十年二月に、一緒に日本へ向かって旅立った。子供二人の四人家族で、長野県へ一人残して来た中学生の長男に会いに行くという。その時、Kさんと二人で牡丹江の朝市に出掛けたので、五十八年経った今も、記憶の人だ。長身のカッコいい人で、姓が印象深かった故もある。

「折角だから、牡丹江の朝市を見ましょう」と誘われた。奥さんは「私はおっくうだから二人でどうぞ」との返事。ひ弱な感じの上品な人で、開拓地では暮らせない人、と私は思っていた。朝市は広い面積で、人々と肩がぶつかったりする。私はふと故郷での、ある日のことを思い出した。田植えの手伝いに行った家の夕べの宴で、若主人が共に盃を重ねながらの話である。徴兵で海軍に入った人だ。

中国の何処かの街へ上陸した時に、ドロボウ市という所へ行った。そこに自分の名前を書いてあるタオルを売っていた。誤って落としたのか、盗まれたのか。とにかく今、手に入れた物を早速売っている状況を、面白おかしく話す。「おい、これは俺の物だぞ」と、取り返したそうだ。何しろ当時は、帝国海軍が威風堂々としていた。

朝市と泥棒市が、私の頭の中で渾然一体となっていた。当てもなく歩いていたら、Kさんがふと足を止めた。干しなつめを売っている。一粒食べた。奥さんもどう、と差し出されたが、私は首を横に振った。親戚の家には、なつめの大きな木があり、私には別に珍しいものではなかった。Kさんが買おうとした。高い値段をふっかけている。だんだんに量を減らし、一握りぐらいになった。

結局買うのを止めて、その場を離れた。店の親父が追い掛けて来た。金を払えと言う。「買ってないじゃないか」。一粒食べたあの金を払え、と迫る。いくらだったか。あの頃の金銭単位は忘れたが「いいかいちえん（一円）」という言葉は頭に残っている。「ケチな野郎め」。Kさんは憮然として、金を男の掌に置いた。私は食べなくてよかった、と思った。

それがKさんたちとの別れだった。彼は内地で召集令状を受けたのかも知れない。あの沢山の荷物は、私たちが山へ避難した後、村の満人たちに奪い取られたことだろう。

不思議な青年

人との出会いを縁という。別に私に危害を加えた人ではないから、悪縁ではなかったが、一人の不思議な青年のことが、脳裏にある。

昭和二十年二月上旬のある日、牡丹江の駅でのこと。一日違えば無縁の人だった。改札に並ぶ順番が何人かずれたら、悪い思い出を私に与えなかった。偶然に日本人が三人並んだ。私の前には四十歳くらいの、和服のコートを着た女の人がいた。その青年は私の後だった。異国での厳寒の季節に、外套も帽子も着ていないので目立った。

三人は列車の中で向かい合って座った。旅行者にしては荷物がない。全くの手ぶらである。年齢は二十歳前後か。この季節に不似合いな服装、戦時下にこの年頃の人なら、兵役にあるはずだと、私は咄嗟に疑問を抱いた。何となく暗い感じだ。もしかしたらこの人は、徴兵忌避か。私は警戒心を持ちながらも、さりげなく振舞った。横に女の人がいなかったら、席を替えたはずだ。

同胞という気安さで、すぐお喋りが始まった。年上の女性はさすがに世を渡って来た人らしく、うまく話題を引き出す。皆は日本へ帰る旅だった。彼女は高知県へ、私は渡満してから初めての実家帰りだ。故郷は愛媛県だ。その青年は広島を目指す。私たちの高笑いにも乗らない。ますます怪しい。私は想像を逞しくする。ここまで逃げ延びて来たが、思案がつきて故郷へ舞い戻るのか。

釜山で、同じ宿に泊まった。関釜連絡船へ乗るまでに、かなりの時間があった。宿の人から聞いて、街の食堂へ出掛けた。ビールの配給があるというのだ。私は興味はなかったが、連れの女の人も欲しがったし、青年の分を確保するために並んであげた。私たちの開拓団にはビールの配給はなかった。都市と地方の違いか。二本のビールで、青年は笑顔になった。

広島駅で女の人と別れた。宇品港から船に乗ると言っていた。水商売の人らしかった。国境の町という言葉を聞いた気がする。奇妙な三人旅の一人が消えた。二人になると青年は、私のリュックを背負った。寒さ凌ぎになり、何とか格好をつけようと思ったのか。彼の帰る先は広島の市内ではなく、地方だったのか。故国へ着いても浮かぬ顔をしている。海岸回りの私の乗る列車が来た。「お世話になりました。ごきげんよう」と、別れた。

あの青年の、その後は知らない。軍隊のことなど分からない私に、逃亡兵か、徴兵忌避か、等と疑問を抱かせる雰囲気を感じさせたのだから、やはり何かあったに違いない。

異国の終列車

世の中には、思いがけないことが起こる。先ず日本ではあり得ないことだから、話しても大方の人は信じないだろう。そんな出来事に、私は遭遇した。

あれは昭和二十年の二月二十日か、二十一日。はっきりした日付けは忘れた。私は満州国牡丹江省の、東京城駅へ向かう列車内にいた。午後三時、遅くても四時頃には同駅へ着く予定だった。城街へ行くバスはないかも知れないが、その時間なら団の弁事所まで歩ける。運よく団のトラックが来ていたら、今夜は家に帰れる。そんなことを考えていた。

列車が突然止まった。駅でもないのに、何事だと不審に思った。山の麓だ。先刻、車窓の向こうに見えた「鹿道」という字が頭に残った。周囲には、日本人の乗客はいない。皆が喋り出した。私に分かるのは満人の言葉、聞き慣れないのは朝鮮語だろう。機関車が離されて走り出し、車輌はそのまま残された。燃料の石炭を取りに行ったのだ、という話が伝わって来た。満人たちは、「メイハーズ」（仕方がない）と、あきらめ顔だ。

そのうちに、一人が列車の外へ出た。広々とした所で、立ちションでもするつもりだろう。私の車輌はトイレが詰まっていたのか、近くの床は濡れていた。私はトイレへ行きたくなったので、向かい席の朝鮮の青年に、煙草に火をつけて貰った。臭消しのためだ。彼はその辺を歩いて、火を借りて来た。私はトイレを済ませると、彼に煙草を渡した。彼は喜んでくゆらせる。これが二本目だ。

次々に男たちが、列車から飛び降りる。皆こちらへ背を向けて、並んで立った。笑い声も聞こえる。誰かが焚火を始めた。列車内は大分冷えて来た。焚火を囲む輪は次第に大きくなり、賑やかになった。私は羨ましかったが、持物が心配で、席を離れなかった。機関車が戻った時は、夜になっていた。東京城駅へ着いたのは深夜で、それが規則外の終列車になった。

敗戦後、馬連河の難民収容所で「ラバウル小唄」というのが流行っていた。

隣家に先に入っていた、商社マン風の父子がいた。父親は品のいい紳士で、子供は美少年だった。少年は、ラバウル小唄を替え歌にして「サラバ鹿道よ、また来る日まで」と歌った。「坊や、鹿道にいたの……」「うん」と頷いた。あんな辺鄙な異国の町にも、日本の商社が進出しているとは、何と逞しいことだ。

彼ら父子が、鹿道に住んでいたと聞き、急に親しみを抱いた。

忘れ得ぬ列車

事故で遅れた列車が、東京城駅へ着いたのは、夜半を過ぎていた。降りたのは数人の朝鮮人、満人の男たちと私だけだった。

駅前の町といっても、駅からは離れている。まさか狼の心配はないだろうが、とにかく彼等について町に入ろう、と一生懸命歩く。その人たちは身軽だが、私は重いリュックサックを背負い、両手に荷物を提げている。彼等も旅人だろう。だが日本旅館へは泊まらない。朝鮮宿へ行くに違いない、と思った。

朝鮮宿のことは、人の話で聞いていた。「オンドルが温いし、安くていいよ」と。日本旅館へ一度泊まったことがある。高級な感じだ。前年、温春で開催された開拓団幹部講習会を受講するために、一人の主婦と参加した時だ。機会があったら一度、朝鮮宿へ泊まってみたいと思っていた。ちょうどいい、とばかり彼らの後を追ったが、暗い裏通りでたちまち見失った。

表通りの曲がり角にある日本旅館は、暗く静まり返っている。先程ここを通った時は、窓は明るかった。終列車の通過後、人足も途絶えたので、戸を閉めたに違いない。私が戸を叩いても、大声で呼んでも反応がない。私がふと思い出したのは、町の入口で見たトラックのことだ。寧安訓練所の連中かも知れない。そこまで行ったが、トラックは影も形もない。

私は空しいと知りながら、再び旅館の戸を叩いた。それはますます家の人たちを恐怖に陥れたかも知れない。今は戦時下だ。昭和十六年の開戦から五年目だ。こんな時間だから、警戒するのも当然だ。歩いていても膝の上までじんじんと冷える。立ち止まると一入身に沁みる。氷点下四十度近いかも知れない。二月下旬の深夜だ。私は無謀な行動を後悔した。

牡丹江省の極寒期は、氷点下六十度くらいまで、下がることがあるとか。何かで読んだか、あるいは聞いたのか数字の記憶がある。今がその時期だろう。かつて体験したことのない寒さだ。仕方がない。この軒下で夜を明かそう、と覚悟を決めた時、向こうのほうに動く人影を見た。戸を叩いている。あの人も塒《ねぐら》を求めている。私はその人に向かって歩き始めた。あの人が家に入るまでに、行き着かなければと必死だった。

その人は軍人だった。いい外套を着ている。短剣も吊っている。私は事情を話して、「御一緒させてください」と頼んだ。当然ながら拒否されたが、強引に喰い下がった。二人でいれば寒さも少し和らぐ。とにかく家の中へ入ることができた。警察の用務員室だった。

あれから五十八年経つ。

五河林の開拓団を訪ねて

牡丹江から五河林の駅まで、どのくらいの距離があるのか。とにかく開拓会館で出会った人の話に、心が動くままに列車に乗った。

乗客は少ない。話し掛けようにも、日本人は見つからない。駅へ止まる度に、じっと窓の外を見つめる。乗る客も降りる客も殆どない。皆はどこまで行くのだろう。のんびりと構えている人達が羨ましい。異国の初めての土地へ、一人で向かうのは不安であり、緊張していた。私が五河林の開拓団を訪ねるのは、養蜂の話を聞くためだった。

五河林の駅へ降りたのは、私一人だった。駅員も、若い一人旅の女をジロジロと見つめていた。出口は一カ所で、そこから一本の道路が延びている。まるでその開拓団へ行くための道のように思われた。視野に飛び込んで来る茫々たる広野。村らしきものは見えない。この道沿いに歩けばいいのだろう、と進みながらも不安は増す。人影はなし、獣一匹も見えない。不気味な恐怖感に襲われる。

前方の左手に切り立ったような丘が見えた。そこに一本の大きな墓標が立っている。黙禱の文字の下に「○○君遭難の地」と書いてある。ここで何事が起こったのか、と辺りを見回した。その地点に到着し、黙禱を捧げた。首を仰向けに反らして、しばし丘を仰いだ。

村までの道は、随分遠かった。団の事務所に入って、先ずあの碑について尋ねた。あの近くで砂金が出るという。満人の盗みを警戒して、毎日警備を立てていた。その夜の警備に出た人が、行方不明になった。その後、全然消息が摑めないままに日が過ぎて、三年経った。悲嘆の家族は祖国へ引き揚げた。

ある日、近隣の屯の満人が盗みの件で逮捕され、その折に三年前の警備員殺しを自白した。彼を伴って、その場を掘り起こした。冬の大地は凍結する。掘り出した遺体は、殆ど損傷がなかったと聞いた。あの墓標には、そんな悲しい話があったのか。

道順を聞いて、私は目指す養蜂家を訪ねた。あの碑に出会ったことから、回り道をした。話を聞きながら、この人ならやれる人だと思った。私も後に続きたいものだ、と決意を新たにした。私が側にいなければ何もできない夫を引っ張って、この大地を踏みしめて頑張るのだ。私たちの団は第十次。私は入植して三年半だ。昭和二十年、満州に夏が近づいた。

その数カ月後に、日本が敗戦の日を迎えるとは、夢にも思わなかった。再びこの地を訪れる日を心に描いて、私は一人五河林の駅から列車に乗った。

マンホアの思い出

児童読物の中に「ねじりドウナツ」という言葉を見た時、私は満州のマンホアのことを思い浮かべた。あれのことだ。日本では「ねじりドウナツ」というのか。なるほど言い得ている。

昭和二十年に私は満州にいたが、ドウナツというものを知らなかった。マンホアもドウナツだったのだ。その菓子は、私の家庭では頻繁に買えるものではなかった。周りの満人たちが食べているのを見たことはないが、闇者屯という小さな村で、手作りで売っている家があった。店というほどの構えではない。

ある日、勇んでマンホアを買いに行った。未だ会ったこともない人に、頼みごとに行くための手土産だった。当時日本の戦況は不利だったのか、開拓団員たちも大勢関東軍へ入隊した。夫もその一人だった。一人で農業経営することになった私は、ライバルへの対抗意識をますます強くして、ある計画をした。

その頃、私たちの開拓団は、酪農も始める準備を着々と進めていて、乳牛を何頭か購入した。その一頭を親しかったS氏が飼育することになった。農業経営では、私たち夫婦が優っていると自負していたので、悔しかった。ようしそれなら、家では蜂だと心の中で叫んだ。賀川豊彦の『乳と蜜の流るる郷』という小説が、私の脳裏にあったのだろう。

牡丹江の開拓会館で、偶然に香川県の開拓団の人と話しているうちに、養蜂の話を聞くことができた。「うちの団に養蜂をやっている人がいます」と紹介されて、その地を訪ねたこともあったが、女一人の今は始められる仕事ではない。私はその件は断念した。手っ取り早く始められることは、と考えた末に豚を飼おうと思い付いた。

先年、夫が独断で満人の所から妊娠している豚を一頭購入した。間もなく仔豚が十余頭生まれたが、くる病で皆死んでしまった。後日満人が金を取りに来て、トラブルになった。満人相手の仕事はしたくない。私が目を付けたのは、義勇隊の寧安訓練所だった。近くにその中隊があることは聞いていた。私はそこを目指して、マンホアの包みを大事に抱え、広野の道を辿った。

相手の方は私の気持ちを汲み取ってくれ、話を聞いて頷いてくださった。

「今は適当なのがいませんから、仔豚を一頭差し上げましょう。とりあえずそれを育ててください。今は日本は大変な時期ですが、頑張ってください」と、励まされて、仔豚と共に我が家へ向かった。

あの日から二カ月余りで、終戦になった。

小さな命が消えた日

昭和二十年。満州の開拓地に夏が来た。私たちには戦地のことは分からない。八月十一日の朝、農作業に出る準備をしていた。

Yさんが来て、「坊やが死んだ」と言って、ワッと泣き出した。花嫁訓練所の後輩で、この屯へ来てから、一つ屋根の下に住んだこともあった。婦人会長の私は、五軒の団員の家を回って知らせた。七世帯で、今は男は二人だけだ。一人は新入り入植者、一人は老齢だ。他の人は皆出征した。葬式の準備をどう進めていいのか、二十代半ばの私は困った。

本部集落で三回、葬式に参列した。幼児の時も、各集落から代表者が参列していた。六カ所へ知らせるために徒歩では遠すぎる。知らない地域もある。先ず本部へ行くことだ。もう少し早かったら、伝言を託す人がいたのだ。新入植者の娘さんが、本部事務所にいる。五人の学童が、毎朝彼女と村を出て、峠へ向かう。こんな時に、馬で駈ける男性がいたら、と溜息をついた。

女たちが集まった。狭い家に小さな仏の場所を作り、炊事を始めた。新しい村で、男手がない時に死ぬとは、何と不運な児だ。今日中には葬式を済まさなければならない。私が一番身軽だし、責任もある。集落長も応召している。彼に代わって私が指揮をとろう。そう心を決めた時だった。

本部勤めのT子さんが、団長の指令を伝えに駈け戻って来たのだ。「貴重品と、持てるだけの身辺の物を持って、○○時までに全員が本部へ集合するように」と。女たちは慌てて家へ戻った。もう葬式のことは、皆の頭から消えたに違いない。「本部へ集合」という言葉は、それほどに重い。私はリュックサックに詰められるだけ詰めた。

指示された時間が近づいた。私は身仕度を整えて、家々を回った。

「準備は出来ましたか。出発の時間です」

最後にYさんの所へ行った。「あなたは坊やを背負いなさい。荷物は私が持ちます」。私は合掌して仏を抱き上げ、Yさんの背に結びつけた。「坊や親孝行だぞ」とYさんが言った。一斉に屯を出る私たちを、満人等はどう見たか。

灌木の茂る小径を、全員が一列になって登り始めた。八月の午後の日射しは強い。身重のSさんが「家へ帰る。もう歩けない」と言う。「それはできません。この際、本部へ行くのが、私たちの義務です」。私は指揮者の口調になっていた。強い言葉を出さなければ、皆その場に座り込みそうな雰囲気だった。

一番苦しいのは、この私だのに。

悲しい冬

昭和二十年、終戦の年の冬を私は、満州の牡丹江省寧安県の闇者屯で、転々としながら暮らした。

馬連河《ばれんが》の難民収容所を、追い出されたような形で出たのは、十月末頃だったか。当時の団員の数はどのくらいだったか、私はよく知らない。元私たちの開拓団のあった地域の村々に、割り当てで、入れて貰うことになった。近隣の満人集落の人たちは、この大団体を抱え込むことになり、とんだ大迷惑だったろう。

私は偶然にも、十九年の暮れに引っ越して住んでいた、この屯に入ることが出来た。YさんとKさん母子と私の四人が、張周平の家へ送りこまれた。貧しい家には割当がなく、一人の家もかなりあったようだ。村の有力者が指図したのかも知れない。しかし私たち四人が張の家へ来たのは、なぜだろう。さほどに裕福な家庭とも思えない。張は、Yさんの家の苦力《クーリー》だった。体格のいい、仕事はよく出来る人だ。

この屯の三人の有力者の中の、自警団長と屯長の顧問の家には、日本人の難民はいなかった。彼等には「嫌だ」と拒否する権利があったのだろう。張の家族は、周平夫婦と、彼の両親と、二十歳前の妹が二人いた。他家と較べて、この家の割当人数を気の毒に思った。皆いい人らしかった。苦り切っているのは、家長の周平だった。

そこに落ち着いてから、何日か経った。私は食欲がなく、身体がだるく、風邪を引いたかな、と不安になった。これまでの悪条件が重なった故だろう。あの状態では、何が起こっても不思議ではない。

収容所にいた時、腰に腫物が出来て手術した。その頃は病人が、毎日長い列を作っていた。他人ごとに見ていた私も、その一人になった。麻酔薬は品切れ状態で、私の身体にはそのままメスが入った。側にいた女たちが悲鳴をあげた。

傷の手当てが終わると、薬がないから後の治療は出来ない、と言われた。翌日から自分で、傷口からガーゼをとって水で洗った。不衛生な日々の中で、順調に快復に向かった。

収容所からこの土地まで、二日がかりの徒歩移動が影響したに違いない。十月の夕暮れの道路で、行先が決まるまで座り込んでいた間は、随分身体が冷えた。終戦から三カ月余の、栄養不足の日々は、何かの病魔にねらわれると、脆くも倒された。

私の身体の変化に気づいて、周平の母親が薬を飲ませてくれた。私には何の薬か分からない。効果がないのを見た彼女は、別の方法を試みた。あれは日本の灸のようなものか。深い湯呑にローソクの火を入れ、中を真空にした後、肩や背中に押し当てる。熱くもあるし、湯呑を取る時には皮膚が痛い。

この辺りは無医村ばかりだ。このやり方が唯一の治療法かも知れない。私は何も食べずにオンドルに寝ていた。時々、ホオズキやマントーを売りに来るのが楽しみだった。ホオズキは、果物代りに食べた。

土で出来ているオンドルの床には、高粱の皮で編んでいるアンペラが敷いてある。布団のない私たちは、着たままで寝転がる。昼夜寝ている私の身体には、床擦れのようなものが出来た。用便のためにオンドルを下りて歩く私の足元を危ぶんで、周平の妻は杖を渡してくれた。日本人の同宿者より、この若妻が一番気を遣ってくれる。

時々ソ連兵がやって来る、という話は恐怖だった。一度家に入って来た。Kさんは女児を抱えて、すぐ姿を消した。求婚されていた男の家へ走ったのかも知れない。Yさんは夜具を積みあげている裏に、身をひそめた。私はすばやく動けないので、仰向けに寝たままで放心したような表情をして、その顔を見上げていた。若いソ連兵は出て行き、私の所では、無事に嵐が去った。

一条の光

この村に来て、張周平の家で暮らすようになってから、何日経ったのだろう。暦のない生活、まして身体が不調では頭も冴えない。おおよその見当もつかない、まるで原始人の日々が過ぎてゆく。

風邪だろうと思っていたが、私も発疹チフスかも知れないと、自分で判断した。どんな病気であれ、ここでは適当な治療は出来ない。とにかく寝ているほかはない。食欲はないが、ポーミーチャーズの汁を喉に流し込む。この家のほかの者は病人でないことが、私の気持ちを楽にしている。感染者がいないから、誰も騒がないのだ。

ある日、Tさんが訪ねてくれた。彼女は長嶺子の村で、未だ共同炊事だった頃に、一緒に何回も炊事当番をした人だ。浅草育ちのお姉さんだった。彼女もこの村に来ていたのか。姑さんと、ご主人の末弟と三人で、屯長の家にいるという。あの家に入れたというのは、一番の幸運者だ。私のことが耳に入って、来てくれたのだろう。私の手を握って言った。

「ハタチャン、死ぬなよ。死んだら損よ」

彼女は情報家である。二人の女性の気の毒な最期を話してくれた。一人はこの村にいる人で「満州開拓団花嫁訓練所」の出身で、私の後輩だ。橇に乗せられて、村の外へ運び出されるのを見送ったそうだ。衣服の乱れているのを、泣きながら直してあげたのよ、と悲しい声を出した。

もう一人は隣村にいた人で、私は面識があった。上品な美人の奥さんだった。昨年、陸軍幼年学校へ入学した息子さんがいた。二人も発疹チフスだったのか。この時期に亡くなった人は、殆ど同じ病気だったであろうと想像される。彼女は団員仲間に囲まれて、野辺送りされた、と聞いた。冬の大地は凍土になる。埋葬も火葬も出来ないから、野ざらしだ。

Tさんと会ってから数日後だった。あの夜が私の病状の峠だった。姿なき敵と激しい戦いであった。息苦しくて目覚めたに違いない。ハッ、ハッ、ハッと、短く息を吐くだけで、吸うことが出来ない。「このままでは心臓が破れる」と思った。いつか聞いたことのある、「心臓破りの丘」という言葉が、頭に浮かんだ。心臓が破れたらどうなる？　少し休みたい。少し休もう。私は息を吐くのを止めた。

楽だ。ああ楽だ。広い野原に大の字に寝て、青い空を見上げている感じだ。しかし身体が足のほうから、深い穴へと吸い込まれていくような気がする。ずんずんと下へ下へと降りていく。意識が薄れてゆく状態だったのであろう。意識がなくなったら死だ。そんなことを考えていた。「そうか、私は死に近づいているのか。これが死というものか」脳裏で、声なく呟いているもう一人の自分がいる。

自分の葬式のことにも考えが進む。夫は長男だが継子だ。私は歓迎されない嫁だ。実家のほうで葬式をするだろう、等々日常と変わらないように考えをめぐらす。どのくらいの時間を彷徨い続けていたのだろう。突然Tさんの声が耳に蘇った。「死んではならん」。そうだ、ここで死んではならん。誰にも知られずに異郷の地で、みじめな死に方では、あまりにも可哀想すぎる、と。私は再びハッ、ハッ、ハッと苦しい息を吐き始めた。

私に身体をくっつけて寝ているYさん、その隣にKさん、その向こうにこの家の老夫婦。彼等には、私の激しい息遣いが聞こえないほど眠りこけているのか。私は一人闇の世界にいるようだ。私だけが孤独の別世界だ。

五十八年経った現在、あの時間のことは確実に脳裏にある。

この世から遠去かりつつあった私の生命を引き戻したのは、一条の光だった。「あそこに光が見える。あの場所には人がいるのだ」。私は無我夢中で身体を動かして、オンドルの端まで来た。少しずつ身体をずらすと、足が土間に届いた。壁にたてかけてある杖を握り、光に向かって歩いた。狭い土間が十里の道にも思えた。

その光は、たて付けの悪い板戸の隙間から洩れている灯だった。ガタガタと戸を開けようとしている音に「ショマ」と向こうから声がして、戸が開いた。

向こうの土間では、周平の妻が、豆腐作りの豆挽き臼をロバに挽かせていた。「冷水進上、冷水進上」私は哀れな声を張り上げた。「オウ」彼女は飯碗に水を注いでくれた。私はもう一杯貰った。「謝謝」。それは心の底からの謝辞であった。私はガラリと体調が変わった感じになった。オンドルに横になった後の記憶は全くない。ぐっすり眠ったのだろう。

あの時、彼女が豆腐作りをしていなかったら、私の生命力は、あの苦しい闘いに負けていたかも知れない。私の危機の時には、いつも思いがけない人の手がさしのべられる。彼女もまた、私を救ってくれた一人だ。

闇者屯は、いい村だった。

ポーミー

玉蜀黍《とうもろこし》のことを、満人たちは「ポーミー」という。面白いし言いやすいから、いつの間にか私たちも、そう呼ぶようになった。

私は好きな食物ではないから、満州へ行かなかったら、生涯無関心に終わったかも――。ポーミーの先に付いているヒゲは、漢方薬で使われていることは知っていた。そのヒゲが別の病気にもいいらしいことを、友人から聞いた。病気の息子さんに煮物にして食べさせるとか。理屈の多い若者が、黙って食べるのだから、それなりの味だろう。

ポーミーの最盛期の頃、電話のついでに問われて「食べないでもないが」と答えたら、大きいのを三本持って来てくれた。勿論ヒゲは取ってあった。私は何日かかかって、食べ終えた。ポーミーは、満州の食べ方を好む。

私は、ポーミーはどの葉のつけ根にも、実がつくものだと、思い込んでいた。夫が笑った。「馬鹿なことを」。一本の茎に二本が普通で、半端な出来損ないが、余分につくこともある。満州大陸は沃土だから、私等はその畝の中で、すっぽり隠れてしまう。

ポーミーは、元住民たちの常食である。彼らは日本人のように、若い実は食べない。完全に熟したのを、濡れない場所に吊しておき、必要な時に下ろして粒を取り、殻は燃料にする。彼等の朝食ポーミーチャーズは、すうーと喉に入る。碾割粥《ひきわりがゆ》のことだ。彼等と食事をした時、お代わりをしたら喜んでくれた。ポーミーマントーは好きな食べ物だ。

ポーミーチャーズについて思い出すのは、チャイナ美人のことだ。チャイナ美人とは、私が彼女に奉った愛称である。終戦後に私たちがいた難民収容所が閉鎖され、私たちはもとの団地区に戻されて、屯内の民家に割り当てられた。チャイナ美人は、閻者屯の屯長の総領息子の夫人である。その家は四家族同居で、住み込みの苦力《クーリー》（使用人）に、私たち日本人五人を入れると、三十余人の大所帯だった。当時私は、屯長の家へ置いてもらい、義勇隊の少年も一人いた。

　女たちの夕食は、いつも男の人が終わった後で、皆が一緒にする。時々、主食のチャーズが少ないと思う時、若夫人がサッと立ち上がって、瓶を抱えて出て行く。近所の家からチャーズを借りて来て、大きな容器に混ぜ合わせ、皆を安心させた。何事もなかったような顔で振舞うその姿は、逍《さすが》に大家の若夫人だと感心した。

　身分の上下なく、飯が足らない時は、見栄を張らずに苦力の家へ借りに行く。平和な屯の人々の風習をいいなと思った。二十六歳の私の胸に、ジーンとひびいた。

引揚列車

終戦から一年が過ぎた。

この一年は普通の一年ではない。日本の国の歴史に、初めて敗戦という言葉を記した。満州の開拓地に生きる私たちの身辺には、大きな出来事が次々に起こった。遂に、昭和二十一年八月二十三日、長嶺八丈開拓団は満州から引き揚げの途についた。この場に集まっていた人々の胸には、さまざまの思いが湧き溢れただろう。生命のある者はいい。魂となって、祖国へ帰る人の無念さを思い遣ると、心が痛む。

出発前の何日間か、降ったり止んだりの日が続いていた。その前夜、どうにか雨は止んだ。未明に闇者屯を出た。集合場所への到着が遅れて、置き去りにされては大変だ。この村の総勢は何十人か、私は知らない。亡くなった一人の話は聞いた。Nさんは危うくも命を取り止めた。発疹チフスに罹った私も、幸に快復した。S氏の家で貰った新しい布靴を履かずに、素足でぬかるみの道を歩いた。

あれは何処だったか、その辺りの風景が浮かんでこない。その日は快晴で、足元から土埃がたっていた。頭に鍋を被った男の子が、素裸で歩いている。私の前を行くのは、彼の家族だ。母と継父に姉二人。普通なら母に甘えたい年頃なのに、黙々と無表情だ。子どもだから、恥ずかしくはないだろう。凡そ今までに見たこともない風体に、世相を感じる。この長い行列が、日本へ向かって進んでいることは知らないだろう。この子がこの大地に来た時は母の背中にいた。あれから五年経った。

一夜を過ごした牡丹江の小学校の一室で、哀れな光景を見た。あの陸軍幼年学校へ行った少年、その弟妹の三人である。彼等の母は昨年の暮れに死亡した。父は現地応召したのか、馬連河の収容所からシベリアへ連行されたのか。当時の凛凛しい美少年の面影は、全くない。唇には血が固まり、無表情な顔に蝿が二匹とまっているが、それを追い払う気力もない。幼い弟妹が団扇風を送っている。

誰も声をかけない。何か食物があったら、その座へ近づいて「お姉ちゃんと一緒に食べましょう」と、話しかけてあげたいと思った。乗車が始まった。彼等に気を残しながら、人の波に押されて引き揚げ列車に乗り込んだ。無蓋貨車だった。外は見えない。あの三人はどの辺に乗ったか。あるいはこの地に残されて、治療を受けることになったか。彼等にいい方法を祈るのみであった。

奉天駅では、数多くの列車が並んで止まっていた。皆引き揚げ列車だろうか。私はトイレへ行きたくなった。駅のトイレは知らない。探している間に、置き去りにされては困る。人を真似て列車を降り、車輪の下をくぐり抜け、人の見えない所で用を済ませた。気をつけないと、あちこちで踏みそうで、注意して歩く。

列車の中で食事をしたのだろうか。高粱や粟の配給はあったが、食物を貰った記憶はない。まさか「飲まず食わずの日も三日」の歌詞どおりだったとは、思えない。一度だけ高粱でご飯を炊いたのは確かだ。あそこは一面波だったのか。かの地にも列車が何本も停車していた。列車はどこで止まるか前触れはない。

そこにあった池の水面まで降りて高粱を飯盒で洗っていると、近くでおむつを洗う人もいた。不快になったが、皆必死なのだと場所を変えた。その辺りには爪楊枝くらいの木の枝もない。枯れ草等も集めて、漸く吹き上がったら汽笛が聞こえた。私の列車だと気づいて、飯盒を下げて走った。

列車内のこんな状態を、事前に想像した者はいなかっただろう。満人集落の生活に浸っていた十カ月余り、これよりはもっとましな日々だった。停車時間を気にしながら、飯盒で雑穀飯を炊く現実に、敗戦国の惨めさを改めてかみしめた。狭い中に座っていれば、僅かなことから、小競合いも度々起こる。

鉄橋の破壊で列車が渡れなかった、あの河は何という名前だろう。私の目には、水面の幅が百メートルくらいはあるように思えた。悠々と流れる澄み切った水。水浴びをしたいくらいだ。流れを渡るには舟を使う。精々、十四、五人しか乗れない舟が一つあるだけだ。何十回往復することになるだろう。砂の上に座って順番を待つ。河上にある鉄橋の残骸を何度も見る。

その夜は土手の上で過ごすことになった。葦を刈ってきて鉄道の上に敷いて寝た。終戦後、野宿をするのは五回目だ。ここでは狼の声は聞こえないだろう。水面から風が吹き上がる。私の人生にこんな日があろうとは、思いもしなかった。戦地では、夫も野宿の体験をしただろう。再会の時には、お互いに笑いながら語り合いたいものだ、と空を仰いで呟いた。

最後の宿泊地、錦州の収容所では、何日泊まったのだろう。引き揚げ船を待つ先客が大勢いた。都会から来たらしい、きれいな服装の人たちがいて、その一団から救援物資の衣類を貰った。私には役に立たない一つ身の着物が当たった。コレラ騒ぎがあったが、大きく広がらないでよかった。ここまで来て、その件で足止めされては、大迷惑だ。

明日は出発という夜、内地からの慰問団の演芸会があった。観客は少なくて、気の毒な状態だった。皆、長い道中で疲れている。一刻も早く祖国へ帰りたい気持ちが先に立つ。遥遥と来てくださった好意に、私は義理の気持ちでその場に行った。私の心に残ったのは、飛び入りの人が歌った「湖底の故郷」。実にいい声だった。今でも私の脳裏には、あの歌と錦州が結びついている。

錦州から胡蘆島まで、満州の最後の旅の引き揚げ列車は直走りだ。嬉しい人、不安な人、悲しい人等の思いを乗せて……さようなら！　私は五年間住んだ満州の広野へ、心の中で叫んだ。

褒められて

「このスカートは、あんたの最高の買物だ」

ボーイフレンドの一言が嬉しくて、それを穿く度にこの言葉が浮かぶ。五ミリ幅の白と、二ミリ幅の黒の縦縞だ。白い部分は杉綾織になっている。私の希望どおりの軽くて、皺にならない生地で、ポケットが二つ付いて実用的、言うことなしだ。少し地味かな、と思うこともあったが、ダンディーな彼にそう言われると、自信がついた。

あれから何年になるだろう。どこの店で買ったのか、記憶は曖昧だが、神戸の三宮で求めたことは間違いない。二十年近くは経過しているだろう。私は気に入った衣類は、いつまでも離さない。昨年の夏、ジャケットの下のピンクのブラウスを「いい色ですね」と知らぬ人から褒められた。三十年も前の品物だ。

何度ほつれを繕ったか知れない。

同じように、ジャケットの下に着ていたニットのノースリーブも「いいねえ」と声を掛けられた。洗濯機を何十回もくぐっている。毳《けば》立っていても黄色の横線をはっきり保っている。いずれも三百円という値段を覚えているが、二十余年前の三百円というのは、どのくらいの価値があったものか。

他人の褒め言葉が、その物に対する愛着心を維持させる。このスカートを褒めた友人は、あの阪神淡路大震災の前年に死んだ。これは似合わない。これは姪にやったらいい等と、要らぬおせっかいをする人が、嬉しい言葉をくれたのだ、という思い込みがある。私が卒寿になっても、未だ同じ気持ちで穿いて、出掛けて行くことだろう。

私のゴブラン織のバッグを褒めてくださったのは、民生委員のご主人さまだ。横浜へ引っ越して来た年の四月に、箱根の「天皇桜」と地元の人々が呼んでいる桜を見に、車で連れて行ってくださった。その時「この鞄はいいですね」と言われた。表側の真ん中の三分の一ほどが革張りで、総体的にガッチリした出来映えだ。襠幅も広く、使い勝手のいいのが気に入った。装飾の金具に打っている、ローマ字の花文字が私には読めない。

神戸にいた間、何年使っていたのだろう。この年齢になると、持ち重りがする。友人も、これは確かに重いと言った。でも尊敬する人から褒められたので愛用している。そのうえ古くなり重くなっても捨てられない理由がある。バスの中へ置き忘れて、親戚の者まで巻き添えにして心配したが、無事に戻って来たゲンのいい代物なのだ。

あの時私は、このバッグに全財産を入れていた。バス会社から「届いています」との返事をもらった時、亡くなった父の言葉が思い出された。「積善家余慶有」

漬物情話

先日、おいしい漬物に出会えた。それはわずか二切れの胡瓜の糠漬けである。友人とある地下街の小さな店で、食事をした時のことだ。

ご飯茶碗を置いて、小皿の片端の漬物に迷っていた。胡瓜が二切れだ。どうせ生のままだろう。醤油が一滴欲しいが、向かい側の彼女の手を煩わすのも気が重い。言えば気軽に世話をやいてくれる人だが。私は静かに、ほどよい厚さの小さな輪切りを口に入れた。途端に「オッ」と、声が洩れた。実に美味な糠漬けだった。口中にさわやかな味が広がった。

とっくに箸を置いている彼女は、なぜ「この漬物おいしいわ」と、言わなかったのだろう。あれこれと話をしながら、飲んだり食べたりして来たのに、年齢の故か、好みの違いか。醤油を頼まなくてよかった。折角の味を損なうところだった。私は満足して「ごちそうさまでした」と合掌した。

漬物に関しては、何十年も昔の思い出が蘇る。十六、七歳の頃、大阪市内の玉造という町の、小さな産院で働いていた。教えられたのか、自分で習得したのか、糠漬けを上手に作っていた。いつも糠をなめて塩加減をした。塩鮭の焼いた骨を入れ、柿の皮も入れた。ウドン笊を埋めて置き、溜まった水を掬う。毎日食べ時を計って材料を並べた。

ある日、表通りの布団屋の奥さんが見えた。うちのお得意さんである。数日前から食欲がないと言う。私の漬物なら食欲が出るだろうと、所望された。どんな贅沢でも許される人からの、この言葉は随分嬉しかった。

満州でも一つの思い出がある。昭和十九年、牡丹江省の開拓団にいた時だ。新米主婦の私が、初めて沢庵漬けに挑戦した。四斗樽に一杯漬け込んだが、水が上がらない。重石が足りないのか、塩が不足か。現地で配給されるのは岩塩で、薄い茶色の小石のような物もあった。そんな塩を砕いて、振り込んだ。漸く糠が湿った程度で、遂々《とうとう》水は上がらなかった。駄目なら、馬に喰わせようと思った。

そんな時に、全然交流のない婦人が訪ねて来た。彼女は妊娠何カ月かだ、と語った。

「こちらさんには漬物があると聞いたので、分けて頂けないかと思いまして……」

私は訳を話し「よかったらお持ちください」と、包んで渡した。馬の話は口を噤んだ。もう来ないだろうと思ったが、何日か後にまた姿を見せた。「誠に厚かましいお願いですが」と。「いいえ、どうぞご遠慮なく」私は明るく応じた。満更、失敗でもなかったのだ。

たまご今昔

買って来た卵のパックを開け、一個摑んだ途端に「これは重いぞ」と思った。小秤がないので計れない。間に合わせに買った品物にも、満足する場合があるものだ。

「生で食べられます」と記してある。産地は思いのほかに遠い県だ。手応えがなかったら、こんなことまで知ることはなかった。とにかく冷蔵庫へ入れた。毎朝一個ずつ取り出す卵を、何気なく手にしていた。目方など考えたこともなかったのに、今日は持った瞬間に、今までのと違うと感じた。

私が卵を買う店は決めている。隣町に三年前に出来たマーケットで、開店以来、日曜日ごとに卵の安売をする。平日は百九十八円のL印が百円だ。数が限定なので、早く行かないと手に入らない。散歩を兼ねて丁度良い距離でもあり、一挙両得なので出掛ける。今日買った店も週に一回、卵を一律五十円引きの日を作った。今日はその日だった。

卵の栄養価のことで、今の大量生産の白色レグホンのは無精卵だとか、名古屋コーチンの卵はいいとか、いろいろ聞いているが、真剣にその問題を考えたことはない。思いがけなく色のついた卵を見かけると、嬉しくなる。同じ値段なら、そちらへ手が伸びる。コーチンの卵を思い浮かべるのだ。

空のパックを小さくまとめながら、時代の変遷を思った。昔は店の安全な場所に、卵は箱にバラ積みされていた。客が勝手に選んで、新聞紙に包んでもらった。卵をください、と簡単に言う人もあったが、私はいつも慎重に選んだ。大きいものを、汚れていないものを、笊の中へ並べた。店には歓迎されない客だ。

あの頃は二玉《ふたたま》といって、黄身が二つ入っているのがあった。縁起がいい、と喜ぶ人がいた。私はその都度、得をした気分だった。ある時、十個のうち七個が二玉だった。私はだんだんに、二玉に関心を持つようになった。卵の形が違っているのに気付いた。あれから四十余年が過ぎた。今では二玉の卵を見ることがないし、その言葉さえ忘れていた。

私は満洲から引き揚げて来て、父の家にいた頃、鶏を飼っていた。五羽の雌鳥が毎日五個の卵を生んだ。六つ生む日もあった。でもその卵を食べることは滅多になかった。弟の借金の始末をしてやるために売っていたのだ。十個溜まると仲買人に渡す。一個十円だった。新鮮な卵は手応えがあり、温かかった。

そのわずかな利益さえも、借金の返済に計上していたのだから、哀しい思い出である。

嬉しい朝

朝刊が入る音で目が覚めた。その後は眠っていない。身体を横にしたり、うつ伏せになったり、快い場所にノウノウとしていた。一体なん時だろうと身を乗り出した。はっきりと意識も目覚めている。

置時計は足元の小物入れの上にある。目覚し時計は横の卓上にあるが、すっぽりと掌の中に入るくらいの物だから、豆球の明かりでは見え難い。布団の上に座り直して眼鏡をかけた。四時半だ。普通は目覚めると、トイレへ行きたくなるが、その気配はない。今の時刻から考えると、新聞が入ったのは四時頃か。かの青年は頑張っているな、と感心した。

先日の夕刊に一枚の紙片が挟んであった。「私は今度、○○新聞をお届けする××です。頑張りますからよろしくお願い致します」と書いてあった。奨学金で学ぶ大学生らしい。この階段には九世帯あって、四、五種類の新聞が入っているはずだが、あれから足音を聞いていない。彼は配達のトップだ。私は、こういう勤勉な人にはエールを送る。

昨夜も常と変わらず、十一時半頃床に就いた。あの音を聞かなかったら、五時頃までは眠っていただろう。ついこの間頃までは、あと五分、あと五分だけと横着に、布団の温みを楽しんだ。でも今朝は珍しく心身共にすっきりしている。昨日の行動が影響しているのか。

このところ不安定な天候が続き、家にこもりがちだ。それに引っ越し問題もあり、諸事に頭を使い雑用も多い。昨日の昼食後は、どうも脳の働きが悪いらしく、ダラダラ気分なので、思い切って歩きに出ようと決めた。よし、今日は文房具屋へ歩いて行こうと、覚えたての裏道へ足を入れた。少しバスへ乗ったり、結局二時間半ほど外で過ごしたら、歩数計は、一万六百の数字を示していた。

私は水分の摂取量が少ないと自覚しているので、常に注意はしているが、日によってトイレが近いのを恐れる。昨夜寝る前に、牛乳をカップ半分ほど飲んだ。トイレを案じたが、何のことはない。四時半でその気配はない。いい朝だ。私は新聞配達に、むしろ感謝した。

頭は冴えている。この時間を無為に過ごしてはもったいない、とペンを持った。神戸の短歌グループへ送るものだ。この頃、壁に突き当たって、いい短歌が詠めない。互選の三首の評も書く。当番の人から「あなたの歌評、評判がいいのよ。皆楽しみにしています」との連絡に、図に乗って気をよくしている私である。

思いがけない、嬉しい朝に恵まれた。

父のユーモア

暦を捲っていたら「かのえ、さる」というのが目についた。庚申さんの日だ。途端に七十余年前の、あの夜のことが浮かんだ。

当時の私の村では、その日はそれぞれの家で「かあもちかく」ということで、忙しい夕方だ。「かあもちかく」というのは、おはぎを作ることだ。現代のものとは違う、素朴な味だった。甘党の私には、嬉しい日だ。その日は母が寝込んでいたのか、既に亡くなっていたのか。その辺の記憶は曖昧だが、私の家は作っていなかった。

夕食の後で父が「庚申さんへ詣ろう」と私の手を取った。庚申さんは、集落の中央にある家の、屋敷の端に祀ってあった。小さな祠である。未だ新しいろうそくの灯がゆらめいていた。誰かがお詣りしたのだろう。おいしそうなおはぎが、二つの高足盆に盛って両側に供えてあった。私はゴクリと、唾をのんだ。お賽銭を上げて拝んだ後で、父は「庚申さん頂きます」と頭を下げ、おはぎを二つ頂戴した。田舎の道は暗い。父娘はおさがりを食べながら歩いた。大きくて食べ応えがあった。その後は庚申さんへお詣りした記憶はない。故郷を出てから、庚申さんの日も忘れてしまった。あの夜の父のいたずらっ子のような、ユーモラスな姿が懐かしい。大人が真面目な顔でできる仕草ではない。

父の晩年には、正月や盆、祭に節句にと小遣いを送っていた。ある日、父から手紙が来た。大抵私から出していたのに、何事だろうと思った。線香の煙でくすんだ村の八幡さまのお守りと「御身御大切に祈り上げます」と筆書きの一枚の紙が入っていた。近頃は旅行をしていないのだ。旅に出れば、その土地の神社の新しいお守りが送られて来るはずだ。

小遣いが乏しいという信号なのだ。私は早速に送金した。そのことをすっかり忘れた頃、今度はご念の入ったものだった。あの時は、してやられたと思った。封筒を開いたら、全くの空だった。私は父のユーモアに愉快になって笑った。満足する金額ではないが、甘えることの出来る娘がいることは幸せだ。

父の葬式の夜に会食しながら、私がこの話をしたら「ホウ、おじいさん、なかなかやるのう」と皆が大笑いした。享年九十歳の大往生だから、皆で賑やかに故人を偲んだ。

父は半年ほどの病床だった。私が送った金は貯金通帳に記入されていた。自分の死後を少しでも、格好よく見せたいと思ったのか。田舎の貧しい生活を、面白く生きた人だった。

野の花物語

今朝、散歩の途中で山茶花が咲き始めたことを知った。半開きのが一輪、葉の間から見えた。もうそんな季節になっていたのか。胸の中で呟きながら、嬉しくなった。

隣町のスーパーへ行く道端の草叢に、可愛い花が群生している。ピンクの米粒ほどの花が集まって、一つの花を形作っている。それを摘みに行くつもりで出掛けたが、一人の道連れが出来た。初めて言葉を交わす人だが、私のことは知っている様子で、好意的な話しぶりを快く感じながら歩いていた時に見つけたのだ。通り慣れている道なのに、こんな場所に山茶花があったとは、全く気づかなかった。

私は野の花が好きだ。朝の散歩がてら、土手や池の畔で草花を摘む。森の中で見つけた花を手折って来る。同じように花を手にした人と会うことがある。これらの花盗人には、仲間意識からか、親しみを覚える。その人たちの言うことは、大抵決まっている。「きれいですからね、仏さまへ上げようと思って」と照れながら「何て言うんでしょうね、この花は」と問い掛けられた。「空木《うつぎ》です」ちゃんと答えることができて、誇らしい気持ちだった。

私が空木を初めて見たのは、横浜へ来てからだ。もちろんその名前も知らなかった。自分が手折っていた時、通り掛かった人に花の名を尋ねた。三人目の女性が「確か、うつぎと聞きました」穏やかな声だった。どんな字を書きますか、との私のたたみかけに「さあ、そこまでは。ごめんなさいね」と、その場を去った。

それを教えてくださったのは、通信講座の短歌の先生だ。私はその花を詠んで、宇津木と書いたら、空木と直されてルビがつけてあった。この周辺には空木が多い。ここの公園のシンボルにしてもいいな、と思ったことがある。今年の空木の季節は、短かったような気がする。二回手折って来ただけだ。

私は人が目を向けない花にも、手を伸ばす。赤詰草を摘んだ。小さいひまわりに似た花も。赤い茎に野ぶどうのような房を下げているのも面白かった。水引草も趣がある。黄金色の金木犀は、いい香りをふりまいてくれた。一度葛の花を活けてみたいと、見回ったが時期遅れだった。来年への課題ができた。アメリカ渡来の黄色の花も、この場所には映えた。途切れることなく、野の花がわが家を彩る。

冬になったら花がなくなる。寂しいぞ、と不安がよぎった日があった。心配ない。山茶花があったのだ。池の近くにも、グラウンドへ行く傾斜地にも。

加齢の人々

先日、郷里の兄が脱腸で入院したそうだ。五日目に退院した、という電話が来た。

話をすると、平常の大声に戻っていた。「ウン元気だよ。別にどうってことはない」と言っていた。兄は電話嫌いで、家族が留守の時も受話器を取らないことが多かった。不器用な人間だし、現代文明には馴染めない性格らしい。先年脳梗塞で、十カ月余り入院してから後の兄は、健康維持に動くだけの毎日だ。

頑固者だが、私と話している時は、滅多に反論することはない。義姉が言ったことがある。「オバチャン（私のこと）の言うことは、素直に聞くから、何でもオバチャンに言ってもらうといいわ」。対面して話すと「そうかのう」「そのとおりだ」と、なめらかに相槌を打つ。寡黙な人間だから、人との会話が少ない。だが、見舞ってくれた人たちには、きちんと対応はできていた。

活字を読むことも極端に減り、テレビも好きな娯楽番組に片寄る。これはよくない。常に刺激を与えておくことが肝心だ、と手紙を書くことにした。忠告といえば、野菜類は努めて食すように、と付け加えるくらいだ。外出先で見つけた感動の話や、興味を抱いたことを書き連ねる。繰り返し読んでいることもあるという。読んだ後は義姉に渡す。

以前は殆ど義姉宛てに書いた。兄に宛てると彼女から「身内びいき」と思われると片腹痛い。義姉に書いた手紙も、大抵は家にいる兄が、勝手に先に読んでから渡していたようだ。読むことへの興味があるのはいいことだ。一面には寂しさもあったのかも知れない。それを聞いてから、兄へ頻繁に書いたのだ。

その返事は、義姉から電話で来る。彼等は書くのが面倒らしい。私も忙しくて、手紙が遠のいているのに気づくと「昨日は雨がよく降ったが、そっちはどうでした」等と電話する。義姉が「ちょっと待ってね、お父さんに代わるから……」と言って、兄を呼んでいる。兄の声が伝わるまでには、長い時間がかかる。以前は「いいよ」と拒否していた兄が、この頃は弾んだ声で話す。やはり喋りたいのだ。

近所の人たちもだんだんに浮世から消えていくし、遠い日にお祭りの笛吹童子だった仲間も、一人になってしまった。家が離れているから会うこともままならない。口には出さないが、私の電話に聞き入るのも、寂しさの表れだ。

どこの夫婦も老齢になると、会話が少ないだろう。私が介入して、老脳へ刺激を吹き入れることも、必要なのだ。

故郷の兄

「この頃、お父さんがおかしいんよ」

故郷の義姉からの電話に、兄はよほど身体が弱ったのか、と先ずそれを案じた。

わざわざ知らせたのではない。電話の折に笑いながらの話である。風呂を済ませて、テーブルの前に腰掛けているのに「風呂は？」と聞くと「おお、入ろうか」と立ち上がる。風呂場をのぞくと、マットも濡れているし、脱いだ肌着も置いてある。入浴を済ませたこと等、すっかり忘れているのだ。物忘れが進んだくらいなら、仕方がないことだ。

兄は先年、脳梗塞で倒れて、一年近く入院した。大きな後遺症はないようだ。退院してから、リハビリのために歩き始めて、ずっと続けている。朝食後の日課は、お大師さんへお詣りすることだ。普通なら三、四分の距離だ。その後で気の向くままに歩き回る。村の人たちも兄の行動を知っていて、声を掛けてくれたり、縁側へ招いてくれる。歩き疲れると道端の石に腰掛ける。何十年も農作業に励んできた身体は、じっとしていられないのだろう。

今の故郷は、道を歩いていても出会う人がいないという。田畑へ行くには皆トラックだ。小学校の生徒も減って、この春に隣りの集落に合併されて、児童の姿が消えた。農村の過疎ということは、頭では理解していたが、これほどまでになっていたとは、想像外だった。まるでゴーストタウンのような道を、兄は孤独感をかみしめながら、毎日歩いているのか。

よく家へ話しに来ていた兄の親友は、兄が現役の頃に亡くなっている。何年か前に私が帰省していた時も、兄は一人の級友の通夜に出掛けた。私が知る限りでは、兄の級友は村内には二人いるだけだ。兄が退院して家で養生している時、その一人が見舞ってくれた。その級友に、兄は特別な思いがあるはずだ。

青年団に入った年から三年間を、村の秋祭には一緒に横笛を吹いた仲間だ。

当時は高級品だったセルの着物の着流し姿は、随分と粋で私には皆が美青年に見えた。その級友の家は少し遠いので、兄はそこへは行かないだろう。あの人は未だ現役のお百姓だろうと思う。

昨年、裏の家の当主が亡くなった。兄より五歳くらい若い。右隣り、左隣りも長年留守のままだ。こんな環境に兄の脳が萎え始めたのだろうか。刺激を与えて奮起させなくちゃ。そういえば、私の引っ越し問題で、兄への便りが遠のいていた。よしッ、兄へ一筆認《したた》めよう。

機械類に弱い私が、電卓辞書を買って、扱い方を習いに行ったことを書いた。

須磨一の谷

須磨一の谷行のバスは、女子学生で占められていた。彼女らは、ＪＲ須磨駅で降りた。

十数年前に、この路線に乗ったことがあるが、この地名の風景の記憶がない。今日のように須磨駅で皆が降りたので、勘違いして降りたのかも知れない。一人になると、何だか気恥ずかしい。終点の「一の谷」について、鄙びた山裾の景色を想像していた。到着して、想像は覆された。広い駐車場があり、既にバスが二台止まっている。隣接した所から公園になっている。礼を述べてバスを降りた。

西へ広がる山裾が、そのまま公園という形だ。上手にはトイレがある。私は下側の道を進んだ。向こうに二人腰掛けているのが見える。私は最近、新しい散策のコースを開拓している。五月の連休中に、未知の町を五カ所歩いた。今日は「一の谷」を目指して来た。二人は未だそのままいた。私の「こんにちは」の挨拶に、熟年のご夫婦は愛想よく応えてくれた。「おたくらもお散歩ですか」と尋ねると、淡路島の花博へ行くための足馴らしに、十日程歩いているという。この方たちも、須磨区役所の近くにお住まいらしい。ここまで歩いて、一時間くらいとか。意外に思った。話し上手な人たちで、私は歩き出す機会を摑めない。「まぁ奥さん、お座りください」と、夫人が袋から敷物を出して敷いてくださったので、やむなく腰を下ろした。

話に頷きながら「ところで、おたくら帰りも歩かれますか」「ええ、歩きます」「ではご一緒させてください」、と安心して話の中に入った。問わず語りに家庭内のいいお話を伺った。ご主人が数年前に、クモ膜下で倒れたとのことで、夫人が気を使っている。ご主人は大工さんで、自分で建てた家は、あの地震にも耐えて、今もそのまま住んでいるという。

平常は車ばかりというご主人の行動に合わせて、休憩しながら往復するそうだ。この公園も規模が大きい。山上へのロープウエーの乗り場があり、海釣り公園とも連なっている。ご主人は気ままに先を歩き、私は夫人と絶え間ない会話に興じた。

ご主人が、海に向かって石の台に腰を下ろしたので、私らもそれに倣った。「天気の良い日には、ここから関空の飛行場が見えます」と夫人が指差した。私が想像している方角とは大分違う。いい勉強をした。帰り道は、須磨駅のバス停で一服した。途中からＪＲ鉄路の北側を歩く。今日もいい人たちに出会った。

思いがけず、須磨一の谷から歩いて帰る体験をしたことは、今日の大きな収穫だった。

帰省の旅で

延び延びになっていた故郷への旅が、漸く実現した。

甥が「福山からバスで来たらー。バス停まで迎えに行く」と言ってくれたので時間を計算して返事をした。わが大三島が終点かと聞いたら、しまなみ街道の定期バスだという。昨年、しまなみ街道のバスツアーに行ったが、また新しい発見もあるだろう。大型のきれいなバスに、福山から乗った客は十人未満だった。途中で老夫婦が一組乗った。

他人事ながら、これで採算が取れるのだろうか、案じた。何カ所かあったバス停を見て、笑いが出た。昔わが家の水田の隅にあった、弁当小屋が脳裏に浮かんだ。降りるバス停をはっきり覚えていないので、すぐ前にいる運転手に尋ねた。私の後座席の男性が「オバサン、大三島へ降りるんかネ」と口を出した。

「着いたら、わしが教えてあげるよ」と。この辺りの事情に通じた人らしい。

瀬戸の花嫁も、今は船ではなく車で、海上の橋を渡って行く時代になった。大ヒットしたあの歌。現在だったら、どんな歌詞になるだろう。甥の車で海岸を走りながら、先刻の疑問を口にすると「採算はとにかく、必要な交通機関だ」との返事。島ではもう桜が咲いている。天気が崩れるとの予報だったが、晴れて暖かい。私の旅立ちの日は大概晴れる。

故郷を去る日は雨の予報だった。先によい天気を貰ったのだから、今度は仕方がない。帰りの旅は、いつものコースだ。フェリーの乗り場まで、義姉が送ってくれた。手押し車に縋る身体だ。一昨年は兄も来た。もうここまで来るのは、疲れるのか。年々に皆の身体が弱る。船を降りて、ローカル線への連絡が今日はうまくいった。

新幹線の車内で、私はウトウトしていたようだ。遠景に桜堤を見たのはどこだったか。ホームへ目をやると、あの青年が立っていた。三原から一緒に乗り込んだ人だ。手を振っているのは、肩を並べていた熟年の男性に対してであろう。こちらへ顔を向けた時、私を見つけたようだ。手を振って二度、深く頭を下げた。私も笑顔で二度、お辞儀を返した。

この青年とは三原で、一言交わしただけだ。何か用事があったらしく、階段を駈け下りて行き、間もなく大股で駈け上がって来た時「早いですね、若い人は」思わず言った。「これが僕らの特権です」と笑った。たったそれだけの私に、手を振ってくれた。

今度も、いい思い出のある旅になった。

おわりに

気の弱いわがままな夫との、異国での農民生活も、三年半を迎えた。その頃には、私たちの家庭では、しっかりと基礎が固まっていた。そのままの生活が続けば、描いていた夢は実現するはずであった。

その地を引き揚げる日が来るとは、夢にも思わなかった。私たち開拓団員は、堅実に農業に励んでさえいればよかったのだ。夫が現地応召してちょうど三ヵ月、その日に終戦になった。翌年の八月、夫は消息不明のまま、私は団の生き残った仲間たちと共に、住み慣れた大地を後にした。

思えば昭和十六年の、太平洋戦争が始まった頃に結婚し、戦争の終わりには家庭も崩壊という、侘しい運命を背負った私である。約五年間の満州での生活は、私の半生にも価する重みがある。

通信講座で、日常生活を書いているうちに、遠い日の思い出を手操ると、いくらでも材料がある。もっと早く気付いて、計画を立てて書き進めればよかった、と後悔した。一年遅らせてじっくり構想を練れば、満足する本ができたであろう。先の出版の時も同じことを呟いた。短気な性格と、体調を案じる年齢になったことも、影響があろう。

先に出した本のことで、亡夫の身内から「もうおつきあいしない」と、宣言された。私は「結構」と答えて、そちらとの交際を絶った。内容に、彼には不都合なことがあったのだろう。とかく世の中は難しいことが多い、と考えさせられた。

満州編を書き続けていた途中で「これはぜひ本にして残しておくように」と、講師から勧められた。なるほど、と肯いた。私が書いて楽しみ、講師が「これは面白い」と評価を下さって、二人の間を往復しただけで終わっては惜しい。本にして、私の死後に読んでくださった方が「こんな時代もあったんだ」と話題にもなれば、嬉しいことである。

思いつくままに書いたが、当時の生活内容に、もっと大事なことを書き落としている。これも機会があったら、いずれ記しておきたい。私の周囲には意志を継いでくれる者がいないので、自分できちんとしておきたい。寿命と体力がある限り、頑張りたい。「次の本を待っているわ」数少ない人たちだが、温かい声援に感謝している。

かつて苦楽を共にした開拓団の仲間たちは、千葉県の富里町で農業をやっている。何年か前に団長の墓参りをした折、数人と話し合った。落花生や水瓜を栽培しているとか。彼等の脳裏にも、あの広野の思い出が多いだろう。

私は事情があって、彼等と行動を共にしなかった。夫が帰還したら、いつでも行けるように、と父の知人を介して北海道への移住を準備していたのだ。しかし団長とは、その生存中文通を続けていた。

この本をまた、その御霊前に送ろう。

著者プロフィール

畠山 久米子（はたけやま くめこ）

ご住職（金剛福寺）と兄と共に。

大正８年２月20日　愛媛県越智郡盛口村大字盛にて出生
昭和８年３月　盛尋常高等小学校卒業
昭和16年12月８日　畠山虎雄と結婚、開拓団員として渡満
昭和20年９月　夫　戦病死
昭和21年９月　博多に引き揚げ
昭和30年～40年　外国人家庭で働く
昭和40年～７年間　阪急百貨店神戸支店に勤務
平成７年１月17日　阪神淡路大震災で被災し横浜市に転居
平成12年より神戸に戻る
兵庫県神戸市在住
著書「ひとりの楽園」（文芸社刊）
平成15年５月25日に、悲しみや悩みを抱いて四国遍路をなさっている方々に、希望が湧き、励みになることを願って、四国霊場三十八番札所の名刹、金剛福寺に碑を建立した(右上写真)。

わが心の故郷 満州の広野

2003年９月15日　初版第１刷発行

著　者　畠山 久米子
発行者　瓜谷 綱延
発行所　株式会社文芸社
〒160-0022　東京都新宿区新宿１－10－１
電話　03-5369-3060（編集）
03-5369-2299（販売）

印刷所　株式会社平河工業社

ISBN4-8355-6198-8 C0095